바이오 파이썬으로 만나는 생물 정보학

파이썬 프로그래밍을 통해 풀어보는 생명의 구조

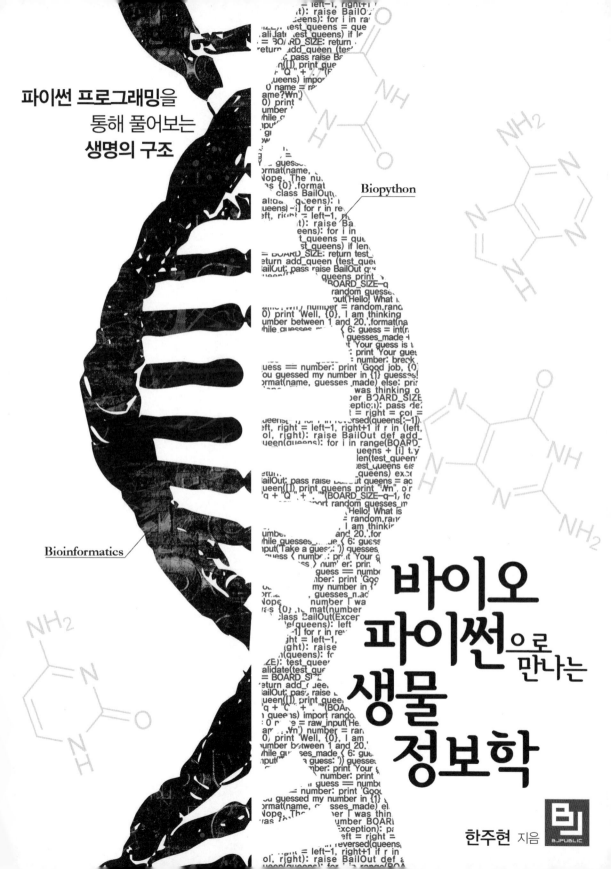

서 문

최근 4차 산업혁명과 맞물려 컴퓨터 프로그래밍에 대한 관심이 매우 크다. 이러한 관심에 힘입어 컴퓨터공학 전공자들은 물론 컴퓨터가 아닌 타 분야 연구자 및 대학생 심지어 중고등학생들도 프로그래밍에 관심을 갖고 학습하고 있다. 특히 생물학 분야에서는 유전자 염기해독 기술의 발전으로 생물체의 염기서열들이 속속 밝혀지고 있으며 시퀀싱 가격도 저렴해져 개인 맞춤 의학에 염기 해독 기술을 이용하려는 움직임이 일어나고 있다.

분석적 측면에서는 클라우드 컴퓨팅 등 연산 능력의 발전으로 이전에는 기술적으로 할 수 없었던 분석들이 정확하고 빠른 시간 안에 가능해졌다. 생물정보학 분야에서 파이썬은 확고한 입지를 확보하였는데 이는 다른 언어에 비해 배우기 쉽고 목적에 맞게 원하는 결과를 만들어내는 시간, 즉 생산성이 매우 높기 때문이다. 이렇게 파이썬은 다른 프로그래밍 언어들보다 인기가 높고 사용자가 많은 언어이다보니 그만큼 다른 사용자들이 목적에 맞게 미리 만들어둔 라이브러리들이 많다. 그러므로 굳이 처음부터 끝까지 프로그래밍하기보다 기존 라이브러리들을 활용하여 자신의 연구에 쉽고 빠르게 적용할 수 있다.

본서에서 소개하는 바이오파이썬은 파이썬의 유용한 라이브러리 중 하나다. 바이오파이썬은 크게 4가지 작업을 수행할 수 있다. 생물정보 데이터에서 원하는 정보를 가져오는 파싱 작업, 서열 문자 다루기, 웹상의 정보 가져오기, 생물정보학 툴 다루기이다.

본서는 크게 2개의 섹션으로 구성되어 있다.

섹션 1에서는 바이오파이썬의 모듈들에 대해 학습할 것이며 이때 사용할 예시들은 최대한 실제 연구와 실무에 가깝도록 준비해보았다. 그리고 섹션 2에서는 생물정보학 파이썬 프로그래밍 문제들을 수록했다. 100개 문항을 준비하였으며 이를 통해 파이썬의 기초 지식을 탄탄히 쌓을 수 있도록 프로그래밍의 기본, 자료형, 간단한 알고리즘을 소개하고 FASTA, VCF, BED 포맷과 같은 생물정보학 파일을 다룬다.

섹션 2는 특정 라이브러리를 사용하는 것이 아니라 순수 기본 파이썬만으로 생물정보학 문제를 해결하는 섹션이다. 바이오파이썬은 라이브러리 이름에서도 나와 있듯 파이썬을 기반으로 만든 라이브러리이다. 바이오파이썬을 잘 사용하기 위해서는 반드시 탄탄한 파이썬 기초 실력이 필요하다.

이제 막 파이썬의 기본적인 문법을 익힌 상태에서 파이썬으로 생물정보학 문제들을 해결해보고 싶다면 섹션 2의 생물정보학 파이썬 프로그래밍 100문항이 실력 향상에 큰 도움이 될 것이다. 만약 파이썬이 조금 어렵게 느껴지는 독자라면 우선 섹션 2의 생물정보학 파이썬 프로그래밍 문제들을 풀어본 후 섹션 1을 학습할 것을 권한다. 본서가 독자 여러분의 목적에 도움이 될 수 있기를 희망한다.

본서가 출간되기 전 많은 분들의 도움이 있었다. 처음부터 마지막까지 더 나은 도서를 위해 물심양면 도움을 주신 출판사 비제이퍼블릭의 이동원 편집자님, 연구와 프로그래밍의 트렌드를 알려주신 서울대 김석준, 연세대 박진만, 최재우 선생님, 서울대 최규홍 석사, 도서를 만들고 발전적인 방향으로 나아가는 데 여러 모로 도움을 주신 한국바이오협회 전진우 대리님, 도서의 섹션 2 부분을 감수해주신 3billion 금창원 대표님과 서울대 장혜식 선생님, 생물정보 분석 업무에 열심히 임할 수 있도록 해주신 국내 최대 시퀀싱 업체이자 글로벌 기업인 마크로젠 등의 노고와 협력이 없었다면 이 책은 나오지 못했을 것이다.

마지막으로 도서를 마무리할 때쯤 필자와 결혼하여 평생의 반려자가 되어준 김경아와 본서를 선택하신 독자 여러분께 감사의 말을 전한다.

대상 독자 및 목표

본서는 파이썬과 바이오파이썬을 활용하여 생물정보학적 문제를 해결하고 생물정보학 파이썬 프로그래밍 실력을 높이고 싶은 독자를 대상으로 한다.

사전 지식

본서로 학습하기 위해서는 생물학과 컴퓨터 프로그래밍의 기초 지식이 필요하다. 기준이 높지는 않으니 걱정하지는 말자. 자가 테스트를 할 수 있는 문항을 준비하였다.

생물학에 대한 기초 지식

고등학교 생물학 정도의 지식이면 충분하다. 아래 두 질문에 간단히 대답할 수 있을 정도면 된다.

```
문항1) DNA는 우리 몸의 유전정보를 담고 있는 물질이다. [ O / X ]
문항2) DNA를 구성하는 4가지 염기를 말해보시오.

답안1) O
답안2) A, C, G, T
```

대답할 수 없더라도 걱정하지는 말자. 본서에서 생물학 지식이 필요한 경우는 각 장의 초반에서 설명할 것이다. 또한 본서와 함께 분자생물학 교양 도서를 읽는다면 더욱 좋을 것이다.

컴퓨터 프로그래밍에 대한 기초 지식

파이썬 스크립트를 작성하고 실행하는 방법을 아는 정도면 된다. 아래 3개 문항의 결과값을 머릿속으로 도출해낼 수 있다면 도서를 읽는 데 무리가 없을 것이다.

```
문항1) print("Hello Biopython")

문항2) s = "A, C, G, T"
       print(s.split(","))

문항3) result = 0
       for i in range(10):
            result += i
       print(result)

답안1) Hello Biopython
답안2) ['A', 'C', 'G', 'T']
답안3) 45
```

추가적인 파이썬 지식이 필요할 경우에는 최대한 알기 쉽게 기술하겠다. 예시 문항이 어렵게 느껴진다면 먼저 파이썬 기본서로 문법을 익힌 후 섹션 2를 통해 생물정보학 파이썬 프로그래밍을 우선 학습할 것을 권한다.

참고 자료

도서에서 사용한 스크립트와 파일들 :
https://github.com/KennethJHan/Bioinformatics_Biopython

바이오파이썬 사이트 : https://biopython.org

저자 블로그 : https://korbillgates.tistory.com

저자 소개

한주현

파이썬을 사랑하는 생물정보학자로 현업에서 유전체 데이터 분석 업무를 맡고 있다. 포스트게놈다부처유전체사업 예비 전문가 교육 프로그램에서 파이썬 프로그래밍을 강의하였고, 생물정보학자의 블로그(https://korbillgates.tistory.com)를 운영하며 오프라인 및 온라인에서 생물정보학을 알리기 위해 노력 중이다. 공역서로 〈니콜라스 볼커 이야기〉가 있다.

차 례

섹션 1
바이오파이썬

*1*장 바이오파이썬 소개

*2*장 바이오파이썬 설치

*3*장 생물정보학 파일 포맷 소개

섹션 2

생물정보학 파이썬 프로그래밍

2. 자료형 다루기

2.1 문자열

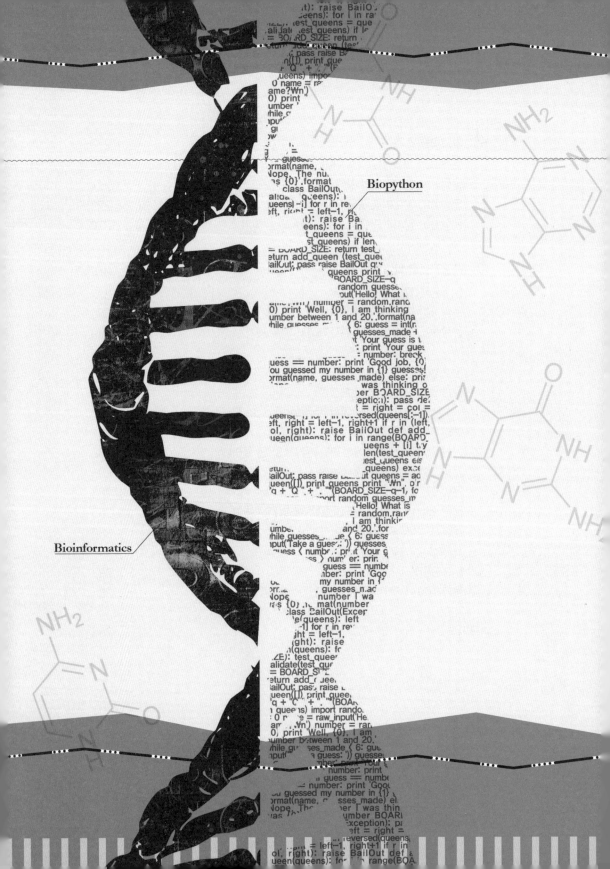

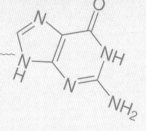

바이오파이썬

섹션 1에서는 총 13장에 걸쳐 바이오파이썬을 학습한다. 바이오파이썬에서는 생물정보학 연구를 위해 여러가지 파이썬 메서드들을 제공한다.

바이오파이썬의 설치에서부터 생물정보학에서 사용하는 포맷인 FASTA, FASTQ, GenBank 등과 바이오파이썬에서 제공하는 각 객체들을 학습할 것이다. 또한 외부 툴을 활용하여 다중 서열 정렬과 BLAST를 진행하고, 네트워크를 통해 NCBI의 데이터베이스를 검색하고 단백질, 계통분류학, KEGG를 학습할 것이다.

각 장의 마지막에는 학습한 바이오파이썬 지식을 활용할 수 있도록 연습문제를 넣었다. Practice makes perfect(연습이 완벽을 만든다)라는 말처럼 각 장의 내용과 연습문제를 통해 바이오파이썬을 자유롭게 활용할 수 있도록 습득하기를 바란다. 습득한 바이오파이썬 지식이 여러분들의 업무 및 실무에 적용할 수 있기를 기원한다.

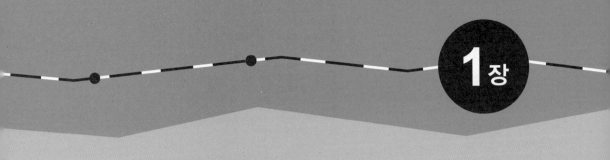

1장

바이오파이썬 소개

1.1 바이오파이썬이란

바이오파이썬은 생물정보학 프로그래밍을 위한 파이썬 라이브러리이다. 파이썬은 간단하고 배우기 쉽다는 장점뿐만 아니라 생산성도 매우 높아 시간이 흐를수록 그 인기가 높아지고 있다. 실제로 Google Trends에서 Python을 검색해보면 그 인기가 점점 높아지고 있음을 확인할 수 있다.

배우기 쉽고 생산성이 높다는 장점을 등에 업고 많은 과학자들과 공학자들은 파이썬을 활용하여 유용한 라이브러리를 만들었다. 그 중 유명한 라이브러리를 이 자리에서 몇 가지 소개해보자면, Google의 기계학습(machine learning) 라이브러리인 TensorFlow, 데이터와 수치 분석을 위한 NumPy와 SciPy, 그래프를 그릴 수 있도록 해주는 Matplotlib, 데이터 프레임의 테이블 형태 자료를 다루고 그래프를 그릴 수 있게 해주는 Pandas는 인기있는 라이브러리이다. 그렇다면 왜 라이브러리를 사용하는 걸까? 프로그래밍 계에 유명한 격언 하나가 있다.

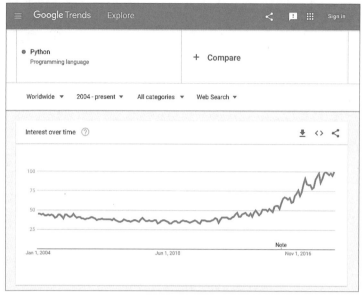

[그림 1-1] Google Trends에서 2004년부터 2018년까지 Python의 관심도 변화

"Don't reinvent the wheel."
"바퀴를 다시 발명하지 말라."

[표 1-1] 프로그래밍 계의 유명한 격언

[표 1-1]의 격언은 잘 만들어진 바퀴인 프로그램을 다시 만들어 시간을 낭비하기보다 이를 활용하여 더 좋은 것을 만들라는 뜻이다. 물론 개인적으로 바퀴를 다시 만드는 과정은 교육적으로 긍정적인 효과가 있으며 이를 통해 프로그래밍 실력이 쌓이고 좋은 아이디어가 떠올라 더 좋은 바퀴를 만들 수도 있다는 생각에 공감하지만 대부분의 현업 및 연구실에 있는 사람들은 전문 프로그래머이기보다 생물정보학 연구자이며 이미 잘 만들어진 바퀴를 활용하여 자신의 연구에 활용하고 싶어 한다.

바이오파이썬은 생물정보학 연구자들에게 다양한 파일 형식에서 원하는 정보를 가져올 수 있는 파서(parser)들을 제공하고 BLAST와 같은 웹기반 프로그램을 커맨드라인 수준에서 처리하여 연구 과정에서 사람 손이 거치지 않게 해 자동화를 가능하게 해주므로 연구효율성을 높여준다.

"1.2 바이오파이썬으로 할 수 있는 일들"에서 바이오파이썬이 제공하는 더 자세한 기능들에 대해 알아보자.

1.2 바이오파이썬으로 할 수 있는 일들

바이오파이썬으로 할 수 있는 일은 다음과 같이 크게 4가지로 나누어 볼 수 있다.

첫째, 파싱작업이 있다. 파싱이란 데이터에서 원하는 정보를 가져오는 것을 의미하며 바이오파이썬을 통해 사용자는 생물정보학에서 자주 사용하는 파일 포맷인 FASTA, FASTQ, GenBank, KEGG 등의 정보에서 필요한 부분을 가져오는 작업을 할 수 있다.

둘째, 유전체 서열정보를 문자열 수준에서 다룰 수 있다. 유전체 데이터에서 파싱하여 가져온 서열 데이터를 파이썬의 문자열을 다루듯 매우 쉽게 다루는 작업을 할 수 있다.

셋째, 웹 정보를 가져올 수 있다. 우리가 즐겨 사용하는 NCBI나 ExPASy와 같이 웹상에서 접근하였던 정보를 브라우저가 아닌 프로그래밍 레벨에서 가져올 수 있으며 이는 다량의 정보를 자동화해 처리하기 쉽게 할 수 있음을 의미한다.

마지막으로 생물정보학에서 사용하는 툴을 활용할 수 있다. 예를 들어 BLAST나 서열정렬(sequence alignment)과 같은 작업을 바이오파이썬을 통해 분석할 수 있다.

1.2.1부터 1.2.4까지 4가지 예시를 준비해보았다. 여기서 만나는 예시들은 앞으로 살펴볼 내용들의 간략한 소개다. 소개하는 스크립트의 각 문장들이 이해되지 않더라도 전혀 걱정하지 말자. 아직 바이오파이썬을 설치하지 않았으므로 코드가 실행

되지 않을 것이다. 그러니 지금은 편안한 마음으로 어떤 기능이 있는지 맛보는 마음으로 가볍게 읽어보며 자세한 내용은 각 장에서 살펴볼 것이다.

● 1.2.1 파싱작업 및 유전체 서열정보 다루기 – FASTA 파일 파싱

FASTA 파일은 텍스트 파일로 염기서열이나 단백질서열 정보를 담고 있다. 첫 번째 줄은 〉 문자로 시작하는 헤더가 있고 두 번째 줄부터는 120 글자 이하의 서열이 한 줄씩 표현되어 있다. Biopython은 단 한 줄로 서열을 읽어 헤더정보와 서열정보를 구분할 수 있다.

"3장 생물정보학 파일 포맷 소개"에서 FASTA와 같이 생물정보학에서 자주 사용하는 파일 포맷들을 알아보고 "4장 유전자서열을 다루어보기"와 "5장 Sequence annotation 객체"와 "6장 FASTA, FASTQ, GenBank 파일 : Sequence 읽기"에서 FASTA 파일을 다루는 방법에 대해 학습할 것이다.

hemoglobin_subunit_beta.fasta는 베타 헤모글로빈의 염기서열이 담겨 있는 FASTA 파일이다. 이 파일을 메모장으로 열어보면 [표 1-2]와 같이 생겼다. 지면 관계상 모든 염기서열을 보여주지는 않겠다.

```
〉NC_000011.10:c5227071-5225466 Homo sapiens chromosome 11, GRCh38.
p12 Primary Assembly
ACATTTGCTTCTGACACAACTGTGTTCACTAGCAACCTCAAACAGACACCATGGT
GCATCTGACTCCTGA
GGAGAAGTCTGCCGTTACTGCCCTGTGGGGCAAGGTGAACGTGGATGAAGTTG
GTGGTGAGGCCCTGGGC
… 중략 …
CTAAGCTCGCTTTCTTGCTGTCCAATTTCTATTAAAGGTTCCTTTGTTCCCTAAGT
CCAACTACTAAACT
GGGGGATATTATGAAGGGCCTTGAGCATCTGGATTCTGCCTAATAAAAAACATTT
ATTTTCATTGC
```

[표 1-2] hemoglobin_subunit_beta.fasta

이제 예시로 보여준 FASTA 파일을 파싱하는 방법을 [스크립트 1-1]에서 살펴보겠다.

```
바이오파이썬의 SeqIO 모듈을 불러온다.
>>> from Bio import SeqIO

SeqIO 모듈의 read 메서드로 fasta 파일을 읽어 record라는 변수에 저장한다.
>>> record = SeqIO.read("hemoglobin_subunit_beta.fasta","fasta")

record 객체의 id를 출력해보면 fasta의 첫 번째 줄에 있던 정보가 출력된다.
>>> print(record.id)
NC_000011.10:c5227071-5225466

record 객체의 seq은 fasta 파일의 서열이 들어 있고 파이썬의 문자열과 같이
다룰 수 있으므로 파이썬의 len 함수에 넣으면 길이를 반환하게 된다.
>>> print(len(record.seq))
1606

마찬가지로 문자열처럼 count 메서드를 사용하여 서열 안의 염기 수를 세어볼
수도 있다.
>>> print(record.seq.count("A"))
409
```

[스크립트 1-1] FASTA 파일 파싱

바이오파이썬의 SeqIO 모듈을 불러 단 한 줄 만에 FASTA 파일을 파싱해내다니 얼마나 멋진 일인가! 특히 읽은 서열을 파이썬의 문자열처럼 다룰 수 있으니 생각하는 대로 프로그램을 작성하는 파이썬의 높은 생산성을 바이오파이썬에서도 해낼 수 있다.

● 1.2.2 웹정보 가져오기 – PubMed 검색

우리의 모든 세계는 네트워크망으로 연결되어 있다. 뉴스, 날씨, 재미있는 동영상까지 네트워크로 외부 정보를 받아오듯 바이오파이썬을 활용하여 PubMed 정보를 검색하고 파싱해낼 수 있다.

PubMed 데이터를 검색하기 위해 "6장 FASTA, FASTQ, GenBank 파일 : Sequence 읽기"에서 바이오파이썬의 Entrez 모듈에 대해 학습할 것이다. Entrez 모듈은 NCBI의 E-utilities(Entrez Programming Utilities)를 활용하여 PubMed, GenBank와 같은 NCBI의 데이터베이스를 검색해준다.

바이오파이썬 Entrez 모듈을 사용하여 pubmed에서 bioinformatics로 검색되는 논문 수를 출력하는 예제를 [스크립트 1-2]에서 살펴보겠다.

```
바이오파이썬의 Entrez 모듈을 불러온다.
>>> from Bio import Entrez

Entrez에 사용자의 메일 주소를 넣는다.
>>> Entrez.email = "yourid@example.com"

Entrez의 query로 bioinformatics를 넣은 것을 handle이라는 변수에 넣는
다. query란 데이터베이스에 정보를 요청하는 행위를 말한다. 인터넷 사용환경
에 따라 이 부분에서 다소 시간이 걸릴 수도 있다.
>>> handle = Entrez.egquery(term="bioinformatics")

Entrez의 read 메서드로 handle을 읽어 record 변수에 넣는다.
>>> record = Entrez.read(handle)

record 변수에는 파이썬 dictionary와 같은 데이터가 들어 있으며 key값으로
접근하여 query의 결과를 확인할 수 있다. pubmed의 결과에서 논문 수를 알아
볼 것이다.
>>> for result in record['eGQueryResult']:
...     if result['DbName'] == 'pubmed':
...         print(result['Count'])
258558
```

[스크립트 1-2] Entrez 모듈 사용 예

여기서 나온 숫자는 시기에 따라 달라질 수 있음을 참고하자. 만약 우리가 바이오 파이썬 Entrez 모듈로 진행한 이 과정을 웹에서 한다면 [그림 1-2]에서 보는 것처럼 같은 수의 논문 검색 결과를 얻을 수 있다.

[그림 1-2] PubMed에서 bioinformatics로 검색한 결과

정확히 같은 숫자의 결과를 얻었으며 웹에서 하던 작업을 파이썬 스크립트를 통해 진행 가능함을 확인할 수 있다.

● 1.2.3 웹정보 가져오기와 파일 파싱 및 서열정보 다루기 – GenBank 검색하기

Entrez 모듈로 NCBI nucleotide 데이터베이스를 조회하여 이를 genbank 포맷으로 받아 GenBank 모듈로 파싱하여 간단히 결과를 얻을 수 있다. "3장 생물정보학 파일 포맷 소개"에서 GenBank 포맷에 대해 알아볼 것이며 "6장 FASTA, FASTQ, GenBank 파일 : Sequence 읽기"에서도 GenBank 파일을 다루는 방법에 대해 학습할 것이다.

바이오파이썬의 Entrez 모듈을 사용하여 2015년 대한민국에서 유행하였던 메르스-코로나 바이러스의 GenBank 형식 파일을 받은 후 GenBank 모듈로 파싱하여 전체 염기서열 수를 출력하는 예제를 [스크립트 1-3]에서 살펴보겠다.

```
바이오파이썬의 Entrez 모듈을 불러온다.
>>> from Bio import Entrez

바이오파이썬의 GenBank 모듈을 불러온다.
>>> from Bio import GenBank

Entrez의 efetch 메서드로 nucleotide 데이터베이스의 KT225476 id를 가진
GenBank 파일을 읽는 객체를 handle에 저장한다.
>>> handle = Entrez.efetch(db="nucleotide", id="KT225476", rettype='gb', retmode='text')

GenBank의 read 메서드로 handle을 읽어 record에 넣는다.
>>> record = GenBank.read(handle)

KT225476의 GenBank 정보에서 필요한 정보를 파싱하는 방법은 단순히 record
객체에서 객체 변수를 출력하면 된다.
record 객체에서 accession id를 출력할 수 있다.
>>> print("Accession: ", record.accession)
Accession: ['KT225476']

record 객체에서 organism을 출력할 수 있다.
>>> print("Organism: ", record.organism)
Organism: Middle East respiratory syndrome-related coronavirus

record 객체가 읽은 서열의 길이를 출력할 수 있다.
>>> print("Size: ", record.size)
Size: 29809
```

[스크립트 1-3] GenBank 모듈 사용 예

이렇게 인터넷이 연결된 환경이라면 바이오파이썬을 통해 쉽게 NCBI의 정보를 가져와 파싱할 수 있다.

● 1.2.4 생물정보학 툴 사용하기 – BLAST를 사용하여 서열 찾기

BLAST는 Basic Local Alignment Search Tool의 약자로 염기서열 또는 단백질서열을 입력받아 데이터베이스를 검색하여 유사한 서열을 찾아 정보를 알려주는 생물정보학 툴이다. 바이오파이썬의 NCBIWWW 모듈로 온라인 버전의 BLAST를

바이오파이썬으로 만나는 생물정보학

진행할 수 있다.

BLAST의 결과는 XML 파일로 저장할 수 있으며 결과 XML 파일을 NCBIXML 모듈로 파싱할 수 있다. "8장 원인 불명의 환자에서 나온 미지의 바이러스 종 찾기 : BLAST"에서 바이오파이썬을 활용하여 BLAST를 진행하는 방법에 대해 학습할 것이다.

미지의 서열이 담긴 FASTA 파일을 바이오파이썬의 NCBIWWW 모듈로 BLAST를 진행하고 NCBIXML 모듈로 BLAST 결과 파일을 파싱하는 예제를 [스크립트 1-4]에서 살펴보겠다.

```
바이오파이썬의 NCBIWWW 모듈을 불러온다.
>>> from Bio.Blast import NCBIWWW

바이오파이썬의 SeqIO 모듈을 불러온다.
>>> from Bio import SeqIO

SeqIO 모듈을 이용하여 미지의 종의 서열이 담긴 fasta 파일을 읽어 record
변수에 넣는다.
>>> record = SeqIO.read("blastSample.fasta", format="fasta")

NCBIWWW 모듈의 qblast 메서드를 사용하여 BLAST를 진행한다.
>>> result_handle = NCBIWWW.qblast("blastn", "nt", record.format("fasta"))

BLAST의 결과를 XML 파일로 쓴다.
>>> with open("blast_result.xml","w") as out_handle:
...     out_handle.write(result_handle.read())
>>> result_handle.close()

바이오파이썬의 NCBIXML 모듈을 불러온다.
>>> from Bio.Blast import NCBIXML

BLAST의 결과가 담긴 XML을 연다.
>>> result_handle = open("blast_result.xml")

NCBIXML 모듈의 parse 메서드로 결과 파일을 연 객체를 파싱한다.
```

```
>>> blast_records = NCBIXML.parse(result_handle)
```

파싱된 결과에서 필요한 정보들을 출력한다.
```
>>> for blast_record in blast_records:
...     for alignment in blast_record.alignments:
...         for hsp in alignment.hsps:
...             print(alignment.title)
...             print(alignment.length)
...             print(hsp.expect)
...             print(hsp.query)
...             print(hsp.match)
...             print(hsp.sbjct)
...             print("")

gi|938454579|gb|KT781444.1| Influenza A virus (A/Sao Paulo/270/2005(H3N2))
segment 4 hemagglutinin (HA) gene, partial cds
904
9.94334e-16
CAGGATAAGGGATGTCCCCAGCAGAATAAGCATCTATTGGACAATAGTAA
||||||||||||||||||||||||||||||||||||||||||||||||||
CAGGATAAGGGATGTCCCCAGCAGAATAAGCATCTATTGGACAATAGTAA
```

열었던 XML 파일 객체를 닫는다.
```
>>> result_handle.close()
```

[스크립트 1-4] 바이오파이썬으로 BLAST 진행

파이썬 스크립트를 실행하면 앞의 결과와 같이 얻을 수 있다. for문을 돌면서 더 많은 결과들이 나온다. 지면관계상 하나의 결과만 적어보았다. 우리가 알고 싶었던 미지의 서열은 Influenza A virus로 판명되었다. 이처럼 BLAST는 데이터베이스에서 가장 유사한 서열을 찾아주는 유용한 툴이며 이를 바이오파이썬을 통해 실행할 수 있다.

1.3 정리

바이오파이썬은 생물정보학 프로그래밍을 위한 파이썬 라이브러리이다.

바이오파이썬으로 크게 4가지 작업을 할 수 있다.
1) 파싱 작업하기
2) 유전체 서열 다루기
3) 웹정보 가져오기
4) 생물정보학 툴 사용하기

라이브러리에서 제공하는 객체와 메서드를 활용하여 다양한 다량의 데이터들을 다룰 수 있으며 자동화 작업을 할 수 있다.

1.4 연습문제

문항 1. 다음 중 바이오파이썬으로 할 수 없는 작업은?
   ① BLAST 사용
   ② FASTA, GenBank와 같은 파일 파싱
   ③ NCBI의 PubMed 검색
   ④ GenBank 검색
   ⑤ 웹서버 생성

답안 1. ⑤ 웹서버 생성

2장

바이오파이썬 설치

바이오파이썬은 파이썬 라이브러리로 우선 파이썬이 설치된 환경에서 진행되어야 한다. 파이썬이 설치되어 있지 않다면 파이썬을 설치하자. 파이썬 3.6 이상 버전의 설치를 권장한다.

2.1 아나콘다파이썬 설치

파이썬이 설치되어 있지 않거나 기존 기본 파이썬을 사용하는 독자는 아나콘다파이썬 설치를 권장한다. 아나콘다파이썬은 여러 과학, 수학 패키지들을 포함하여 배포하고 있다. 미리 설치된 라이브러리로는 numpy, scipy, matplotlib, pandas 등이 있다.

바이오파이썬의 Bio.Cluster나 Bio.PDB와 같은 일부 모듈에서 numpy를 사용하여 숫자 계산을 진행한다. 이렇게 특정 프로그램을 사용할 때 이전에 미리 설치된 프로그램이 필요한 경우를 의존성(dependency)이 있다고 말하며 바이오파이썬의 일부 모듈은 numpy에 의존성이 있다.

아나콘다파이썬을 설치하면 의존성에 대한 걱정을 덜 수 있다. 또한 웹브라우저에서 파이썬 스크립트를 실행하고 바로 결과를 확인하며 그 결과들을 정리할 수 있는 "Jupyter Notebook"을 실행하는 데 매우 편리하므로 사용하길 권한다.

● 2.1.1 아나콘다파이썬 다운로드

아나콘다파이썬 다운로드 페이지 또는 구글에 Anaconda python을 검색하여 운영체제에 맞는 아나콘다파이썬을 다운로드하여 설치해보겠다. 설치는 Python 3.6 version, 64-Bit Installer로 진행하며 각 운영체제에 맞게 설치 예시를 실어 놓았으니 참고하여 설치를 진행해보자.

https://www.anaconda.com/download

● 2.1.2 아나콘다파이썬 설치(윈도우)

❶ Python 3.6 version, 64-Bit Graphical Installer를 다운로드한다.

[그림 2-1] 윈도우 버전 아나콘다파이썬 다운로드

❷ 받은 파일을 실행한다.

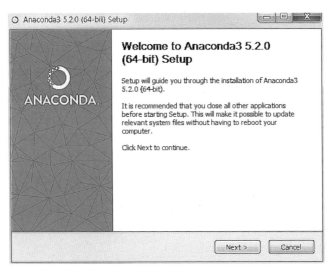

[그림 2-2] 윈도우 버전 아나콘다파이썬 설치

❸ License Agreement를 읽고 동의를 누른다.

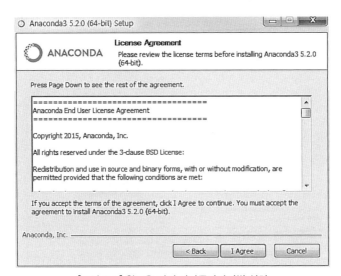

[그림 2-3] 윈도우 버전 아나콘다파이썬 설치

바이오파이썬으로 만나는 생물정보학

❹ Next 버튼을 눌러준다.

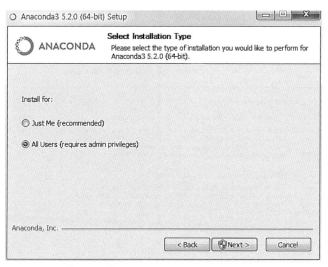

[그림 2-4] 윈도우 버전 아나콘다파이썬 설치

❺ 설치 경로를 확인하고 설치를 진행한다. 추후에 바이오파이썬을 설치할 때 설치 경로가 필요하므로 메모해두자.

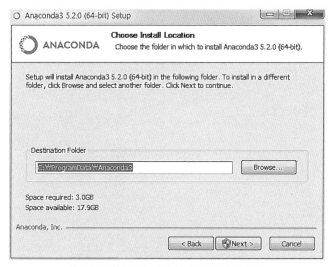

[그림 2-5] 윈도우 버전 아나콘다파이썬 설치

❻ 경로와 같은 시스템 설정으로 설정할 사항들이 필요하다면 체크를 누른 후 Install 버튼을 눌러준다.

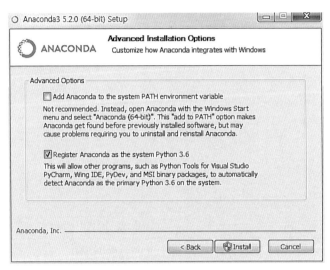

[그림 2-6] 윈도우 버전 아나콘다파이썬 설치

❼ 설치 중 화면으로 기다린다.

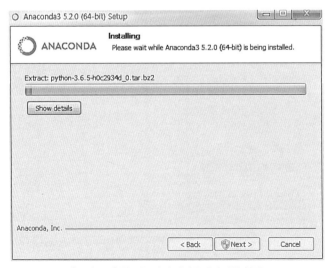

[그림 2-7] 윈도우 버전 아나콘다파이썬 설치

❽ 설치 완료, Next 버튼을 누른다.

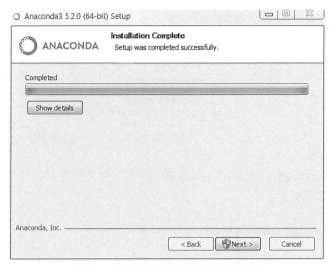

[그림 2-8] 윈도우 버전 아나콘다파이썬 설치

❾ Finish 버튼을 누른다.

[그림 2-9] 윈도우 버전 아나콘다파이썬 설치

❿ 시작 메뉴를 통해 확인하면 [그림 2-10]과 같이 설치가 완료되었음을 확인할 수 있다.

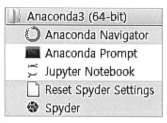

[그림 2-10] 윈도우 버전 아나콘다파이썬 Anaconda Prompt 실행

Anaconda Prompt를 실행하여 python을 타이핑하여 아나콘다파이썬이 잘 설치되었는지 확인해보자.

```
(base) C:\Users\user>python
Python 3.6.5 |Anaconda, Inc.| (default, Mar 29 2018, 13:32:41) [MSC v.1900 64 bi
t (AMD64)] on win32
Type "help", "copyright", "credits" or "license" for more information.
>>>
```

● 2.1.3 아나콘다파이썬 설치(맥, 리눅스)

[그림 2-11] 맥, 리눅스 버전 아나콘다파이썬 다운로드

❶ 아나콘다파이썬 설치 파일을 다운로드한다.

맥의 경우, Python 3.6 version, 64-Bit Command-Line Installer를 다운로드한다. (Anaconda3-5.2.0-MacOSX-x86_64.sh)

리눅스의 경우, Python 3.6 version, 64-Bit (x86) Installer를 다운로드한다. (Anaconda3-5.2.0-Linux-x86_64.sh)

여기서는 터미널을 통한 설치를 진행할 것이며 맥의 그래픽 설치를 진행하여도 상관없다.

❷ 터미널에서 다운로드한 파일을 실행하여 설치를 진행한다.

```
맥
$ sh Anaconda3-5.2.0-MacOSX-x86_64.sh

리눅스
$ sh Anaconda3-5.2.0-Linux-x86_64.sh
```

❸ 나오는 설명에 맞게 설치를 진행한다. 설치 진입 화면이 나오면 엔터를 눌러 진행하면 된다.

```
Welcome to Anaconda3 5.2.0

In order to continue the installation process, please review the license
agreement.
Please, press ENTER to continue
>>>
```

❹ 계약서를 읽고 yes를 타이핑하여 진행한다.

```
Do you accept the license terms? [yes|no]
[no] >>> yes
```

❺ 아나콘다파이썬이 설치될 경로이다. 다른 경로에 설치하고 싶다면 경로를 입력
해주면 된다.

```
Anaconda3 will now be installed into this location:
/home/user/anaconda3

  - Press ENTER to confirm the location
  - Press CTRL-C to abort the installation
  - Or specify a different location below

[/home/user/anaconda3] >>>
```

❻ PATH를 설정한다.

```
installation finished.
Do you wish the installer to prepend the Anaconda3 install location
to PATH in your /home/user/.bashrc ? [yes|no]
[no] >>>
```

❼ 설치된 아나콘다파이썬을 실행하여 설치가 제대로 되었는지 확인한다.

```
$ /home/user/anaconda3/bin/python
Python 3.6.5 |Anaconda, Inc.| (default, Apr 29 2018, 16:14:56)
[GCC 7.2.0] on linux
Type "help", "copyright", "credits" or "license" for more information.
>>>
```

2.2 바이오파이썬 설치 여부 확인

파이썬을 인터랙티브 모드로 실행시켜보자. >>> 문자와 함께 화면에서 깜빡거리
는 커서를 볼 수 있다.

```
>>>
```

여기서 biopython을 import해보자.

```
>>> import Bio
```

만약 설치가 안 되어 있다면 오류 메시지를 확인할 수 있다.

```
>>> import Bio
Traceback (most recent call last):
  File "<pyshell#0>", line 1, in <module>
    import Bio
ModuleNotFoundError: No module named 'Bio'
```

설치가 안 되어 있다고 낙심할 필요가 전혀 없다. 없으면 설치하면 되니 말이다. 독자 여러분의 운영체제에 맞는 장으로 넘어가 설치를 진행하자.

설치가 되어 있다면 아무 오류 메시지 없이 import된다. 추가로 버전까지 출력해 보자.

```
>>> import Bio
>>> Bio.__version__
'1.72'
```

같은 버전의 바이오파이썬이 설치되었다면 1.72라는 결과를 얻었을 것이다. 만약 버전이 맞지 않다면 "2.4 바이오파이썬 버전 업그레이드"를 참고하자.

2.3 바이오파이썬 설치(윈도우)

● 2.3.1 pip(Python Package Index)를 사용하여 설치

바이오파이썬을 pip(파이썬 패키지 관리자)를 사용하여 설치할 것이다. 자신이 주로 사용하는 파이썬의 경로에서 pip를 실행하여 설치한다. 윈도우의 경우, PATH가 자동으로 잡혀 있지 않는 경우가 있으므로 파이썬이 설치된 경로를 확인하여 pip 명령어를 실행해주자.

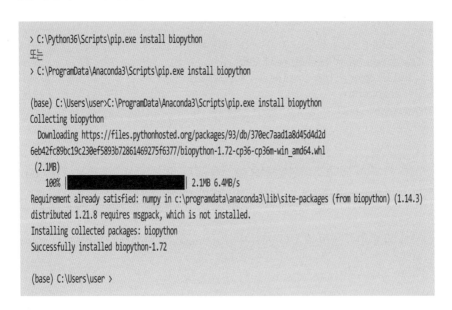

```
> C:\Python36\Scripts\pip.exe install biopython
또는
> C:\ProgramData\Anaconda3\Scripts\pip.exe install biopython

(base) C:\Users\user>C:\ProgramData\Anaconda3\Scripts\pip.exe install biopython
Collecting biopython
  Downloading https://files.pythonhosted.org/packages/93/db/370ec7aad1a8d45d4d2d
6eb42fc89bc19c230ef5893b72861469275f6377/biopython-1.72-cp36-cp36m-win_amd64.whl
  (2.1MB)
    100% |                              | 2.1MB 6.4MB/s
Requirement already satisfied: numpy in c:\programdata\anaconda3\lib\site-packages (from biopython) (1.14.3)
distributed 1.21.8 requires msgpack, which is not installed.
Installing collected packages: biopython
Successfully installed biopython-1.72

(base) C:\Users\user >
```

설치 완료 후, 파이썬을 실행하여 라이브러리가 제대로 설치되었는지 확인해보자.

```
>>> import Bio
>>> Bio.__version__
'1.72'
```

● 2.3.2 Anaconda Navigator를 사용하여 설치

❶ Anaconda Navigator를 실행한다.

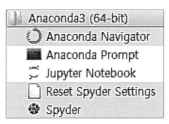

[그림 2-12] Anaconda Navigator 실행

❷ 왼쪽 탭에서 Environments를 누르고 오른쪽 검색란에 biopython을 타이핑한다.

[그림 2-13] Anaconda Navigator

❸ 검색 결과로 나온 biopython 옆의 체크를 누르고 하단의 Apply 버튼을 누른다.

[그림 2-14] Anaconda Navigator

❹ 설치가 진행된다.

[그림 2-15] Anaconda Navigator

2.4 바이오파이썬 설치(맥/리눅스)

바이오파이썬은 pip(파이썬 패키지 관리자)를 사용하여 설치한다. 자신이 주로 사

바이오파이썬으로 만나는 생물정보학

용하는 파이썬 경로의 pip로 바이오파이썬을 설치해보자.

```
$ pip install biopython
```

설치 완료 후, 파이썬을 실행하여 라이브러리가 제대로 설치되었는지 확인해보자.

```
>>> import Bio
>>> Bio.__version__
'1.72'
```

2.5 바이오파이썬 버전 업그레이드

독자들 중 이미 바이오파이썬을 설치하였는데 버전이 1.72가 아닌 분도 분명히 있을 것이다. 본서의 내용은 1.72 기준으로 작성되었으므로 1.72로 업그레이드하여 진행할 것을 권한다. 커맨드라인에서 pip install 명령어에 --upgrade를 옵션으로 넣어 실행해보자.

```
$ pip install biopython --upgrade
```

설치 완료 후, 파이썬을 실행하여 라이브러리가 제대로 설치되었는지 확인해보자.

```
>>> import Bio
>>> Bio.__version__
'1.72'
```

2.6 바이오파이썬 삭제

독자들 중 재설치 등의 이유로 바이오파이썬을 삭제하고 싶은 분도 있을 것이다.
pip uninstall 명령어로 바이오파이썬을 삭제할 수 있다.

```
$ pip uninstall biopython
```

진행 후, 바이오파이썬을 import하였을 때 오류가 나면 삭제가 정상적으로 진행된
것이다.

```
>>>  import Bio
Traceback (most recent call last):
  File "<pyshell#0>", line 1, in <module>
    import Bio
ModuleNotFoundError: No module named 'Bio'
```

2.7 Jupyter Notebook

● 2.7.1 Jupyter Notebook 소개

Anaconda python을 설치하면 Jupyter Notebook이 함께 설치된다. Jupyter
Notebook은 웹브라우저에서 파이썬을 인터랙티브하게 실행할 수 있어 그림이나
텍스트와 같은 스크립트의 실행 결과들을 웹창에서 바로 볼 수 있는 기능과 발표
용 슬라이드를 만들 수 있는 기능 등 여러 장점들이 있어 많이 사용되고 있다.

Jupyter Notebook의 사용 예시

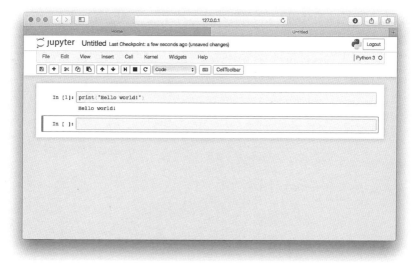

[그림 2-16] Jupyter Notebook 실행 예

● 2.7.2 Jupyter Notebook 실행

프롬프트에서 Jupyter Notebook이라고 타이핑하고 실행하면 브라우저에 자동적으로 Jupyter Notebook이 실행된다.

```
$ Jupyter Notebook
```

또는 설치된 Anaconda python에서 Jupyter Notebook 아이콘을 실행하여도 된다.

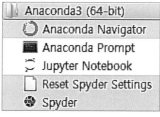

[그림 2-17] Jupyter Notebook 실행

Jupyter Notebook에서 바이오파이썬이 잘 설치되었는지 확인해보자.

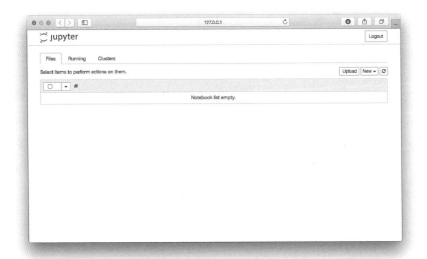

[그림 2-18] Jupyter Notebook 실행 후 화면

New 버튼을 누르고 Python 3을 클릭한다.

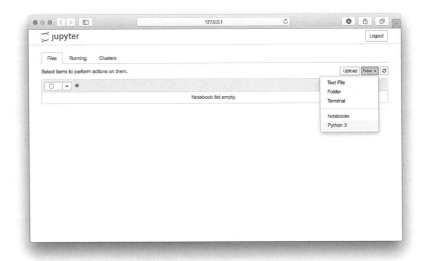

[그림 2-19] Jupyter Notebook 실행 후 화면

바이오파이썬으로 만나는 생물정보학

새로운 노트북 페이지가 열렸다. [그림 2-20]과 같이 타이핑하고 실행해보자. 스크립트를 실행하는 방법은 Shift + Enter 키를 누르는 것이다.

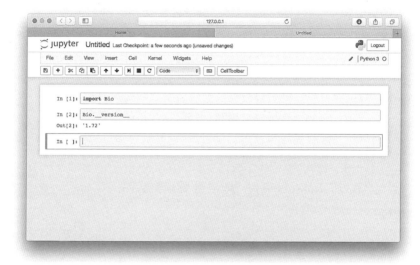

[그림 2-20] Jupyter Notebook 실행

2.8 연습문제

문항 1. biopython을 import해보자. import 이후, 오류가 나지 않으면 잘 설치된 것으로 이를 확인해보자.

```
>>> import Bio
```

문항 2. biopython을 import한 후, Bio.__doc__를 출력해보자.

```
>>> print(Bio.__doc__)
```

문항 3. biopython을 import한 후, Bio.__path__를 출력해보자. 결과값은 바이오 파이썬 라이브러리가 설치된 경로이다.

```
>>> print(Bio.__path__)
```

답안 1.

```
>>> import Bio
>>>
```

이런 식으로 아무 오류가 나타나지 않으면 잘 설치된 것이다.

답안 2.

```
Collection of modules for dealing with biological data in Python.

The Biopython Project is an international association of developers
of freely available Python tools for computational molecular biology.

http://biopython.org
```

답안 3.

```
['/Users/user/anaconda/lib/python3.6/site-packages/Bio']
```

예시 답안으로 사용자가 설치한 파이썬의 위치에 따라 경로가 다를 수 있다.

바이오파이썬으로 만나는 생물정보학

3장

생물정보학 파일 포맷 소개

이번 장에서는 앞으로 만나게 될 생물정보학 파일 포맷에 대해 알아보도록 하겠다. 파일로부터 특정 정보를 얻기 위해서는 파일 포맷에 대한 이해가 선행되어야 한다. 파일이 무슨 데이터를 어떠한 형태로 담고 있는지 알아야 정보를 가져올 수 있기 때문이다. 연구뿐만 아니라 일상생활 매순간마다 정보가 담긴 데이터를 접한다. 그때마다 데이터를 해석하고 의미를 찾아 실생활에 활용한다. 카페에서 아메리카노 Tall 사이즈 커피를 주문한다고 가정해보자. 커피 주문 시 [표 3-1]과 같은 메뉴판을 볼 것이다.

Menu	Short	Tall
카페 아메리카노	3,500원	4,000원
카페라떼	3,800원	4,300원
그린티	3,000원	3,500원

[표 3-1] 커피 메뉴판

메뉴판 데이터 형식은 행과 열이 테이블 형태로 분리되어 있으며 행은 음료에 대한 메뉴이고 열은 메뉴와 음료 사이즈에 대한 가격이 나와 있다. 열과 행을 구분하여 읽으면 우리가 원하는 카페 아메리카노 Tall 사이즈는 4,000원임을 알 수 있다. 이처럼 데이터를 해석하고 원하는 정보를 가져오기 위해서는 어떠한 데이터가 어떠한 형식으로 들어 있는지 아는 것이 중요하다. 이번 장에서는 생물정보학을 다룰 때 자주 만나게 되는 파일 형식들에 대해 학습해보겠다.

3.1 FASTA/FASTQ

● 3.1.1 FASTA

FASTA 포맷은 텍스트 기반 포맷으로 염기서열 또는 단백질서열을 나타내기 위해 만든 파일 포맷이다.

◆파일 형식:
FASTA 파일은 〉 기호로 시작하는 헤더와 헤더의 다음 줄부터 이어지는 서열이 있다. 서열 부분은 문자열이 길게 한 줄로 이어져 있기보다 한 줄 당 70~80개 문자로 이루어져 있다. 또한 서열은 한 가지 종류가 들어 있는 단일 FASTA 파일뿐만 아니라 여러 종류가 들어 있는 멀티 FASTA 파일일 수도 있다. 이때는 하나의 FASTA 파일에 2개 이상의 헤더가 들어 있다.

◆파일 예시:
다음은 KT225476.2.fasta 파일의 일부 내용을 표시한 것이다. 첫 번째 줄의 〉 기호로 시작하는 헤더 부분과 두 번째부터 이어지는 서열이 있다.

```
>KT225476.2 Middle East respiratory syndrome coronavirus isolate MERS-CoV/THA/CU/17_06_2015, complete genome
AGTGAATAGCTTGGCTATCTCACTTCCCCTCGTTCTTCTTGCAGAACTTTGATTTTAACGAACTTAAATAA
AAGCCCTGTTGTTTAGCGTATTGTTGCACTTGTCTGGTGGGATTGTGGCACTAATTTGCCTGCTCATCTA
... 중간 생략 ...
ATCAACAGACCAAATGTCTGAACCTCCAAAGGAGCAGCGTGTGCAAGGTAGCATCACTCAGCGCACTCGC
ACCCGTCCAAGTGTTCAGCCTGGTCCAATGATTGATGTTAACACTGATTAGTGTCACTC
```

● 3.1.2 FASTQ

FASTQ 포맷은 텍스트 기반 포맷으로 염기서열과 염기서열에 해당하는 퀄리티 점수를 포함한 파일 포맷이다.

◆파일 형식:

FASTQ 파일은 총 네 줄로 구성되어 있으며 네 줄이 하나의 리드(Read)를 이룬다. 리드란 시퀀서가 샘플의 서열을 한 번에 읽은 길이를 말한다. FASTQ 파일 내부에는 수백만, 수천만 개의 리드가 있다.

첫 번째 줄은 @ 문자로 시작하는 헤더로 염기서열이 읽힌 시퀀싱에 대한 정보를 담고 있다. 두 번째 줄은 시퀀서가 읽은 염기서열이다. 세 번째 줄은 구분 문자로 + 기호가 들어 있다. 네 번째 줄에 시퀀서가 읽은 염기서열의 퀄리티(품질) 정보가 들어 있다.

◆파일 예시:

```
@EAS123:456:FC789VJ:3:1103:26362:2088 1:N:0:ACGTACGT
GCATGGAGGTGGCGCTGCAGACTGAGCCCCACTTGCTGGCTGGCACCGTCAACCCCACCGTGGGCAAGAGGAATGTCACGCTGCCCATCGACAACTGCCTC
+
AAFFFJFJJJJJJJJJJJJJJJJJJJJJJJJJJJJJJJJJJJJJJJJJJJJJJJJJJJJJ7JJJJJJJJJJJJJJJJJJJJJJJJJJJJJJJJJJJJJJJJJJ
```

예시는 염기서열 길이 101bp(base pair)로 읽은 형태다. 네 번째 줄은 시퀀서가 읽은 염기서열에 대한 퀄리티라고 설명하였는데 형태가 알파벳으로 나와 있다. 이것은 점수를 하나의 문자로 간단히 나타내기 위한 Phred quality score 체계이다.

다시 말해 숫자로 나타내야 할 점수를 ASCII(American Standard Code for Information Interchange) 문자인 코딩체계에 맞추어 알파벳으로 바꾸어 나타낸 것이다. ASCII 표를 참조해보자.

예를 들어 서열의 퀼리티 문자가 물음표 문자라고 가정해보자. ? 문자에 대한 ASCII값은 63이다. 일반적으로 많이 사용하는 일루미나 시퀀서들은 퀼리티 문자의 ASCII값에서 33을 뺀 값을 점수로 계산하는데 그렇다면 ? 문자의 ASCII값 63에서 33을 빼면 30점이 나온다. [표 3-2]에 ASCII 코드 테이블과 33을 뺀 값을 정리하였다.

문자	ASCII값	ASCII값 - 33
!	33	0
"	34	1
#	35	2
$	36	3
%	37	4
&	38	5
'	39	6
(	40	7
)	41	8
*	42	9
+	43	10
,	44	11
-	45	12
.	46	13
/	47	14
0	48	15
1	49	16
2	50	17
3	51	18
4	52	19
5	53	20
6	54	21
7	55	22
8	56	23
9	57	24
:	58	25
;	59	26
〈	60	27
=	61	28
〉	62	29
?	63	30

@	64	31
A	65	32
B	66	33
C	67	34
D	68	35
E	69	36
F	70	37

[표 3-2] ASCII 코드 테이블

ASCII값에서 33을 뺀 퀄리티 점수는 Phred quality score 체계로 나타내는데 Phred quality score 식은 다음과 같다.

$$Q = -10 \log_{10} P$$

Q는 '품질'을 뜻하는 Quality, P는 '확률'을 뜻하는 Probability의 첫 글자다. 방금 계산한 ? 문자의 퀄리티는 30이다. 이것을 Q에 넣고 P를 계산해보면 0.001이 나온다.

이 값은 시퀀서가 염기를 잘못 읽을 확률이며 염기를 맞게 읽을 확률은 1에서 P를 뺀 값인 0.999인데, 이는 99.9%의 확률로 염기를 정확히 읽었다는 의미가 된다. 이해하기 어려울 수도 있지만 차근차근 읽어보면 이해될 것이다.

3.2 SAM/BAM

SAM(Sequence Alignment Map) 파일은 텍스트 기반 포맷으로 리드의 정렬 (alignment)된 데이터들을 담고 있다. BAM(Binary Alignment Map) 파일은 SAM 파일의 2진(binary) 형식 파일로 압축률이 뛰어나 SAM보다 파일 크기가 매우 작다. SAM/BAM 파일은 크게 두 부분으로 나뉜다.

◆파일 형식:

SAM/BAM 파일 형식에 대해 알아보겠다. SAM/BAM 파일은 크게 헤더 부분과 정렬 부분으로 나뉜다.

– 헤더 부분

헤더 부분은 @ 기호로 시작한다. @ 기호 이후에 붙어나오는 정보를 살펴보면 [표 3-3]과 같다.

헤더	설명
@SQ:chrM LN:16571	어떠한 시퀀스에 정렬하였는가에 대한 정보이다. 예시는 chrM을 가리키며 그 길이가 16,571bp임을 알려준다.
@RG ID:test SM:SRR000982 PL:ILLUMINA	정렬에 사용한 샘플 정보를 나타낸다. 예시는 샘플 SRR000982로 ILLUMINA 플랫폼을 사용하여 시퀀싱된 데이터임을 알려준다.
@PG ID:bwa PN:bwa VN:0.7.15-r1140	어떠한 툴을 사용하여 정렬하였는가에 대한 정보이다. 예시는 BWA 를 사용하여 정렬하였음을 알려준다.

[표 3-3] SAM/BAM 헤더

– 정렬 부분

열	예시	설명
1. 리드 ID	SRR000982.5	리드의 ID를 표시한다.
2. SAM flag	67	2진수 비트 플래그다.
3. 리드가 붙은 염색체	chrX	염색체 번호다.
4. 정렬된 위치	26266805	위치 정보다.
5. 맵핑 퀄리티 점수	60	맵핑이 얼마나 잘 되었는지를 점수로 표시한다.
6. 시가 문자열	44M	시가 문자열을 나타낸다. [표 3-6]의 CIGAR 문자열 설명을 참조한다.
7. 짝리드가 붙은 염색체	=	Pair로 시퀀싱된 짝리드의 염색체 위치, 예시에서는 같음을 의미한다.
8. 짝리드가 정렬된 위치	26268926	짝리드의 위치 정보다.
9. 인서트 크기	2122	포워드 리드와 리버스 리드의 간격을 의미한다.
10. 리드 염기서열	TACAATGGGAACACTG GACGTGCCACTTTGGT TGATGATTGGAT	염기서열을 표현한다.

11. 리드 염기서열의 퀄리티 점수	DDDBBBBBBBBDDBBB BDDDDDDDDB;;;BBDD DDDDDDDDDD	각 염기에 대한 Phred scale로 나타낸 퀄리티 점수다.

[표 3-4] SAM/BAM 정렬 부분

◆ SAM flag

리드가 정렬된 상태를 SAM flags 조합으로 설명한다. 예를 들어 SAM flags값이 67이라면 67을 2진수로 변환하면 1000011이 된다.

참고로 파이썬에서 10진수를 2진수로 바꾸는 방법은 bin( ) 함수를 사용하는 것 이다.

```
>>> bin(67)
'0b1000011'
```

[스크립트 3-1] 파이썬 10진수를 2진수로 변환

1이 있는 자릿수를 보면 1, 2, 7번째 자리로 이것을 bit 자릿수로 보면 각각 리드가 짝이 있음을 의미(read paired)한다.

리드의 두 짝이 적절히 맵핑되었음을 의미(read mapped in proper pair)한다. 짝리드에서 첫 번째 리드를 의미(first in pair)한다.

SAM flag에 대한 설명은 [그림 3-1]과 같이 broadinstitute github 페이지에서 확 인할 수 있다.

```
https://broadinstitute.github.io/picard/explain-flags.html
```

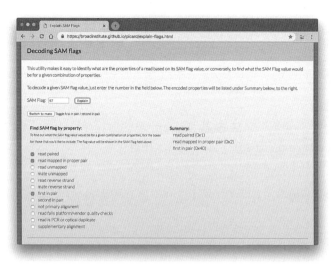

[그림 3-1] SAM flags 해석 사이트

	bit	설명
1	0x1	리드가 짝이 있음을 의미한다.
2	0x2	리드의 두 짝이 적절히 맵핑되었음을 의미한다.
4	0x4	리드가 맵핑되지 않았음을 의미한다.
8	0x8	짝리드가 맵핑되지 않았음을 의미한다.
16	0x10	리드가 역서열되었음을 의미한다.
32	0x20	짝리드가 역서열되었음을 의미한다.
64	0x40	짝리드에서 첫 번째 리드를 의미한다.
128	0x80	짝리드에서 두 번째 리드를 의미한다.
256	0x100	리드가 여러 군데 맵핑(multiple mapping)되었음을 의미한다.
512	0x200	리드가 플랫폼 제공자의 퀄리티 체크를 통과하지 못했음을 의미한다.
1024	0x400	리드가 PCR 또는 광학적으로 중복되었음을 의미한다. 시퀀싱 과정에서 발생한 중복된 리드가 있음을 의미한다.
2048	0x800	키메릭(chimeric) 리드로 기준 서열에 없는 리드를 의미한다.

[표 3-5] SAM flag 설명

CIGAR(Compact Idiosyncratic Gapped Alignment Report) 문자열의 의미에 대해
알아보자.

문자열	설명
M	Match의 "M", 정렬된 리드가 맞춰졌음을 의미한다.
I	Insertion의 "I", 기준 서열에 정렬하였을 때 염기가 추가되었음을 의미한다.
D	Deletion의 "D", 기준 서열에 정렬하였을 때 염기가 빠졌음을 의미한다.
N	Skipped region, 기준 서열과 비교하였을 때 염기가 건너뛰어졌음을 의미한다.
S	Soft clip, 리드의 염기가 잘렸으나(clipped) SAM/BAM 파일에는 남아 있는 잘린 서열이다.
H	Hard clip, 리드의 염기가 잘렸으며(clipped) SAM/BAM 파일에도 남아 있지 않은 서열이다.
P	Padding, 기준 서열에는 없지만 리드에는 추가된 패딩 서열을 의미한다. De novo assembler가 해당 CIGAR 문자를 만든다.

[표 3–6] CIGAR 문자열 설명

CIGAR와 관련하여 2가지 예시를 준비하였다. CIGAR 문자열을 손으로 직접 다루어보면 더 쉽게 이해될 것이다.

- 6M

기준 서열	A	C	A	G	T	A	A	T	C	G
리드			A	G	T	A	A	T		

6개 염기가 일치하므로 6M이라고 할 수 있다.

- 2M1I1M1D2M

비어 있는 염기는 * 기호로 표시하였다.

기준 서열	A	C	A	G	*	T	A	A	T	C	G
리드			A	G	G	T	*	A	T		

왼쪽에서부터 2개의 염기가 일치하여 2M, 1개의 염기가 리드에 삽입되어 1I, 1개의 염기가 일치하여 1M, 1개의 염기가 리드에서 사라져 1D, 2개의 염기가 일치하여 2M으로 2M1I1M1D2M이라고 할 수 있다. CIGAR 문자열에서 Match는 M, Insertion은 I, Deletion은 D임을 참고하자.

BED(Browser Extensible Data) 포맷은 유전체를 구간별로 나누어 구간의 특징을 주석으로 표기할 수 있는 파일 형식으로 각 항목들은 탭으로 나뉜 텍스트 파일이다.

◆파일 형식:

BED 파일은 필수적으로 3개 열이 있고 추가적으로 9개까지 열이 들어갈 수 있다. 필수적으로 들어가는 3개 열에 대해 알아보자.

필수열	설명	예시
chrom	염색체다.	chr5
chromStart	구간이 시작되는 지점이다. 시작 지점이 0이다.	55220083
chromEnd	구간이 끝나는 지점이다.	55220357

[표 3-7] BED 파일을 구성하는 필수 3개 열

이처럼 BED 파일은 구간의 길이를 나타내는 데 효과적이다.

BED 파일

chr1	100	200	Gene1
chr3	300	450	Gene2

BED 파일이 나타내는 영역을 계산해보자. BED 파일에서 세 번째 열인 chromEnd에서 두 번째 열인 chromStart를 빼면 된다. 그래서 Gene1 구간은 200-100으로 100bp, Gene2 구간은 450-300으로 150bp로 총구간은 250bp이다. 여기서 bp는 base pair의 줄임말이다.

VCF(Variant Calling Format)는 변이(Variant)를 표기하기 위해 만든 포맷으로 크게 메타데이터와 내용 부분으로 나눌 수 있다. 내용 부분은 8개의 필수 열과 샘플에 따라 추가되는 열로 이루어진다. 각 열은 탭으로 나뉘어 있다.

◆파일 형식:

- 메타데이터

메타데이터는 #(샵)으로 시작되는 부분이다. 2개의 샵으로 시작되는 부분은 VCF 파일에 대한 정보로 키=값(Key=Value) 관계로 표현한다. 어떠한 툴로 어떠한 분석을 진행하였는가에 따라 메타데이터에 쓰인 값은 다양하지만 일반적으로 쓰이는 값들에 대해 설명해보겠다.

값	설명
##fileformat=VCFv4.2	VCF 파일 v4.2를 기준으로 생성한 파일을 의미한다.
##FORMAT=⟨ID=AD, ⋯ ,Description="Allelic depths for the ref and alt alleles in the order listed"⟩	쉼표로 구분되어 있으며 ref, alt를 순서에 맞게 표기한다. 만약 특정 위치에서 REF에 G, ALT에 T, A가 있고 AD 열에 3, 10, 5로 있으면 REF 서열인 G가 3개, ALT 서열인 T가 10, A가 5의 depth가 있음을 의미한다.
##FORMAT=⟨ID=DP, ⋯ ,Description="Approximate read depth"⟩	위치의 depth를 나타낸다.
##FILTER=⟨SNP_ filter,Description="QD⟨2.0 ‖ MQ⟨40.0"⟩	Description에 기재된 필터 조건에 해당하면 FILTER 열에 필터 이름에 해당하는 SNP_filter를 표기하고 조건에 해당하지 않는다면 PASS를 표기한다.

[표 3-8] VCF 메타데이터

1개의 샵으로 시작되는 부분은 헤더로 8개의 필수 열로 구성되어 있다.

값	설명	예시
CHROM	chromosome, 염색체 번호다.	chr19
POS	position, 위치다.	45412079

ID	identifier, 세미콜론으로 구분, 주로 rsID가 들어간다.	rs7412
REF	reference base(s), 기준 서열의 염기다.	C
ALT	alternate base(s), 변이로 나타난 염기다.	T
QUAL	Phred-scaled quality, -10log10 p 로 나타나며 ALT 서열이 틀릴 확률을 나타낸다.	136.03
FILTER	메타데이터의 FILTER 조건에 걸리면 조건에 대한 필터 이름이 이곳에 표기되고 필터를 통과하면 PASS로 표기된다.	PASS
INFO	추가 정보가 기재되는 부분으로 annotation 툴을 사용하여 정보를 붙이면 이곳에 텍스트가 추가된다.	AC=2;AF=0.54
FORMAT	GT: Genotype AD: Allelic depths DP: Approximate read depth처럼 메타데이터의 FORMAT 부분에 해당하는 정보가 콜론을 기준으로 표기된다.	GT:AD:DP
Sample	FORMAT 열에 맞게 샘플 정보가 표기되고 VCF 파일에 여러 샘플이 있는 경우, 여러 열이 추가되어 표기된다.	0/1:30,35:65

[표 3-9] VCF 헤더

◆파일 예시:

```
##fileformat=VCFv4.2
##fileDate=20090805
##source=myImputationProgramV3.1
##reference=file:///seq/references/1000GenomesPilot-NCBI36.fasta
##contig=<ID=20,length=62435964,assembly=B36,md5=f126cdf8a6e0c7f379d618ff66beb2da,species="Homo sapiens",taxonomy=x>
##phasing=partial
##INFO=<ID=NS,Number=1,Type=Integer,Description="Number of Samples With Data">
##INFO=<ID=DP,Number=1,Type=Integer,Description="Total Depth">
##INFO=<ID=AF,Number=A,Type=Float,Description="Allele Frequency">
##INFO=<ID=AA,Number=1,Type=String,Description="Ancestral Allele">
##INFO=<ID=DB,Number=0,Type=Flag,Description="dbSNP membership, build 129">
##INFO=<ID=H2,Number=0,Type=Flag,Description="HapMap2 membership">
##FILTER=<ID=q10,Description="Quality below 10">
##FILTER=<ID=s50,Description="Less than 50% of samples have data">
##FORMAT=<ID=GT,Number=1,Type=String,Description="Genotype">
##FORMAT=<ID=GQ,Number=1,Type=Integer,Description="Genotype Quality">
##FORMAT=<ID=DP,Number=1,Type=Integer,Description="Read Depth">
##FORMAT=<ID=HQ,Number=2,Type=Integer,Description="Haplotype Quality">
```

```
#CHROM POS ID REF ALT QUAL FILTER INFO FORMAT NA00001 NA00002 NA00003
chr20 14370 rs6054257 G A 29 PASS NS=3;DP=14;AF=0.5;DB;H2 GT:GQ:DP:HQ 0|0:48:1:51,51 1|0:48:8:51,51 1/1:43:5:.,.
chr20 17330 . T A 3 q10 NS=3;DP=11;AF=0.017 GT:GQ:DP:HQ 0|0:49:3:58,50 0|1:3:5:65,3 0/0:41:3
chr20 1110696 rs6040355 A G,T 67 PASS NS=2;DP=10;AF=0.333,0.667;AA=T;DB GT:GQ:DP:HQ 1|2:21:6:23,27 2|1:2:0:18,2 2/2:35:4
chr20 1230237 . T . 47 PASS NS=3;DP=13;AA=T GT:GQ:DP:HQ 0|0:54:7:56,60 0|0:48:4:51,51 0/0:61:2
chr20 1234567 microsat1 GTC G,GTCT 50 PASS NS=3;DP=9;AA=G GT:GQ:DP 0/1:35:4 0/2:17:2 1/1:40:3
```

3.5 GenBank

GenBank Flat File 포맷은 NCBI(National Center for Biotechnology Information)의 데이터베이스에서 대중에게 제공하는 포맷으로 염기서열과 CDS(Coding Sequence) 별로 번역된 아미노산 서열 그리고 종의 정보, 관련 논문 저자, 제목, pubmed ID 등의 메타 정보를 담고 있다. 파일 내부에는 1개 이상의 GenBank 정보가 들어 있을 수 있으며 끝맺음 구분은 슬래시 기호 2개(//)로 마무리한다.

◆파일 형식:
KT225476.2.gbk 파일을 메모장과 같은 텍스트 에디터로 열어 파일 내부를 관찰해보자.

– 메타데이터

항목	설명	예시
LOCUS	Accession ID, 길이, 분자 종류, GenBank Division 정보, 최종 수정 날짜가 들어 있다.	KT225476 29809 bp RNA linear VRL 22-AUG-2017
DEFINITION	서열에 대한 간략한 설명이 들어 있다.	Middle East respiratory syndrome corona virus isolate
ACCESSION	서열의 독자적인 ID를 말한다.	KT225476

VERSION	서열에 변화가 생기면 버전이 올라간다. KT225476.1이 KT225476.2와 같은 형식이다.	KT225476.2
KEYWORDS	서열을 설명하는 키워드다. NCBI에서 검색할 때 Keyword 항목으로 검색할 때 참조하는 부분이다. 만약 없다면 점으로 표기한다.	.
SOURCE	서열의 근원에 대한 정보다.	Middle East respiratory syndrome-related coronavirus (MERS-CoV)
REFERENCE	서열에 관한 논문 정보가 담긴 부분이다. 논문 저자, 제목, 저널명, pubmed id가 들어 있다.	Plipat,T., … 생략 Imported case of Middle East respiratory syndrome coronavirus(MERS-CoV) infection from Oman to Thailand, June 2015
COMMENT	기타 설명이 필요한 경우, 넣는다.	On Sep 10, 2015 this sequence version replaced KT225476.1.

[표 3-10] GenBank 메타데이터

– 서열 특징

FEATURES로 쓰인 부분으로 전체 서열 구간 정보(source)와 각 Coding sequence (CDS) 정보가 나열되어 있다.

– 서열

ORIGIN으로 시작되는 부분으로 60개 염기서열을 한 줄로 하며 10개 단위로 끊어 소문자로 표기하였다.

◆파일 예시:

KT225476.2.gbk 파일을 참조 또는 다음 ncbi 링크에서 GenBank Flat File 포맷에 대한 예시와 각 항목들에 대한 설명을 참조할 수 있다.

https://www.ncbi.nlm.nih.gov/Sitemap/samplerecord.html

3.6 XML

XML(eXtensible Markup Language)은 구조화된 데이터를 표현하고 정보를 교환할 때 범용적으로 사용하는 마크업 언어로 태그를 이용하여 데이터 구조를 나타낸다. 대부분의 언어에서 파서를 지원하여 파일을 읽고 쓰는 데 큰 어려움이 없다. HTML(HyperText Markup Language)이 우리가 흔히 사용하고 있는 마크업 언어 중 하나다. 다음 helloworld.html은 HTML 파일의 예시다.

helloworld.html

```
<!DOCTYPE HTML>
<html>
  <head>
    <title>Hello world</title>
  </head>
  <body>
    <p>Hello world</p>
  </body>
</html>
```

마크업 언어로 쓰인 helloworld.html 파일을 웹브라우저와 같은 프로그램이 구조와 내용을 파싱하여 [그림 3-2]와 같이 사용자에게 보여준다.

[그림 3-2] helloworld.html

◆**파일 형식:**

〈태그〉내용〈/태그〉로 이루어진 텍스트 파일이다.

◆**파일 예시:**

XML은 데이터를 구조화하여 표현하는 데 주로 사용된다. 생물정보학에 대한 학습을 진행하므로 상응하는 예시를 들어보겠다. 1장의 "1.2.4 생물정보학 툴 사용하기 – BLAST를 사용하여 서열 찾기"의 NCBIWWW 모듈의 qblast 메서드를 사용하여 BLAST를 진행한 결과를 XML 파일로 저장하였다.

blast_result.xml

This XML file does not appear to have any style information associated with it. The document tree is shown below.

```
▼<BlastOutput>
   <BlastOutput_program>blastn</BlastOutput_program>
   <BlastOutput_version>BLASTN 2.8.1+</BlastOutput_version>
 ▶<BlastOutput_reference>...</BlastOutput_reference>
   <BlastOutput_db>nt</BlastOutput_db>
   <BlastOutput_query-ID>Query_137705</BlastOutput_query-ID>
   <BlastOutput_query-def>sample1</BlastOutput_query-def>
   <BlastOutput_query-len>50</BlastOutput_query-len>
 ▶<BlastOutput_param>...</BlastOutput_param>
 ▼<BlastOutput_iterations>
   ▼<Iteration>
      <Iteration_iter-num>1</Iteration_iter-num>
      <Iteration_query-ID>Query_137705</Iteration_query-ID>
      <Iteration_query-def>sample1</Iteration_query-def>
      <Iteration_query-len>50</Iteration_query-len>
    ▼<Iteration_hits>
      ▼<Hit>
         <Hit_num>1</Hit_num>
         <Hit_id>gi|938454579|gb|KT781444.1|</Hit_id>
       ▼<Hit_def>
          Influenza A virus (A/Sao Paulo/270/2005(H3N2)) segment 4 hemagglutinin (HA) gene, partial cds
         </Hit_def>
         <Hit_accession>KT781444</Hit_accession>
         <Hit_len>904</Hit_len>
       ▼<Hit_hsps>
         ▼<Hsp>
            <Hsp_num>1</Hsp_num>
            <Hsp_bit-score>91.4547</Hsp_bit-score>
            <Hsp_score>100</Hsp_score>
            <Hsp_evalue>9.94334e-16</Hsp_evalue>
            <Hsp_query-from>1</Hsp_query-from>
            <Hsp_query-to>50</Hsp_query-to>
            <Hsp_hit-from>646</Hsp_hit-from>
            <Hsp_hit-to>695</Hsp_hit-to>
            <Hsp_query-frame>1</Hsp_query-frame>
            <Hsp_hit-frame>1</Hsp_hit-frame>
            <Hsp_identity>50</Hsp_identity>
            <Hsp_positive>50</Hsp_positive>
            <Hsp_gaps>0</Hsp_gaps>
            <Hsp_align-len>50</Hsp_align-len>
            <Hsp_qseq>CAGGATAAGGGATGTCCCCAGCAGAATAAGCATCTATTGGACAATAGTAA</Hsp_qseq>
            <Hsp_hseq>CAGGATAAGGGATGTCCCCAGCAGAATAAGCATCTATTGGACAATAGTAA</Hsp_hseq>
            <Hsp_midline>||||||||||||||||||||||||||||||||||||||||||||||||||</Hsp_midline>
         </Hsp>
       </Hit_hsps>
      </Hit>
      ▼<Hit>          . . . .
```

[그림 3-3] XML 파일 구조 예시

JSON(JavaScript Object Notation)은 구조화된 데이터를 표현하고 정보를 교환할 때 범용적으로 사용하는 파일 포맷으로 그 기능과 목적이 XML과 많이 중복되지만 가독성이 떨어지는 XML 형식의 대안으로 많이 사용되고 있다. XML과 마찬가지로 대부분의 언어에서 파서를 지원하여 파일을 읽고 쓰기 쉽다.

◆**파일 형식:**
JSON 파일은 파이썬의 딕셔너리와 형태가 같다. 즉, 키-값(key-value) 쌍이 중괄호로 이루어진 구조이다.

◆**파일 예시:**
대머리와 연관 있는 SNP(Single Nucleotide Polymorphism)인 rs6152에 대한 정보를 JSON으로 표현해보겠다.

이름은 rs6152, 변이 유형은 SNP, 기준 서열과 같은 염기는 G, 변이염기는 A, 변이서열의 빈도는 0.238675라는 정보를 JSON으로 표기해보면 다음과 같다.

```
{ "name" : "rs6152", "var_class" : "SNP", "ancestral_allele" : "G",
"minor_allele" : "A", "MAF" : 0.238675 }
```

실제로 이러한 정보들은 웹에서 제공하는데 다음 ensemble 주소로 접근하면 다음과 같은 긴 JSON 형태로 얻을 수 있다.

```
http://grch37.rest.ensembl.org/variation/human/rs6152?content-
type=application/json
```

```json
{
    "name":"rs6152",
    "clinical_significance":[
        "benign"
    ],
    "source":"Variants (including SNPs and indels) imported from dbSNP",
    "ambiguity":"R",
    "synonyms":[
        "NM_000044.3:c.639G>A",
        "NP_000035.2:p.Glu213=",
        "RCV000244696",
        "RCV000143829",
        "rs1800052"
    ],
    "evidence":[
        "Frequency",
        "HapMap",
        "1000Genomes",
        "Cited",
        "ESP",
        "Phenotype_or_Disease",
        "ExAC"
    ],
    "mappings":[
        {
            "assembly_name":"GRCh37",
            "end":66765627,
            "location":"X:66765627-66765627",
            "strand":1,
            "allele_string":"G/A",
            "seq_region_name":"X",
            "start":66765627,
            "coord_system":"chromosome"
        }
    ],
    "var_class":"SNP",
    "MAF":0.238675,
    "ancestral_allele":"G",
    "most_severe_consequence":"synonymous_variant",
    "minor_allele":"A"
```

3.8 정리

이번 장에서는 생물정보학에서 많이 사용하는 파일 포맷인 FASTA/FASTQ, SAM/BAM, VCF, GenBank와 데이터를 교환할 때 일반적으로 사용하는 XML, JSON에 대해 알아보았다. 이 외에도 생물정보학과 관련된 다양한 포맷들이 있다. 파일 포맷의 형태와 각 항목들의 의미를 파악하는 데 초점을 맞춘다면 어떠한 파일 포맷을 만나더라도 해석하는 데 어려움이 없을 것이다. 이제 4장부터 본격적으로 바이오파이썬의 라이브러리를 학습하고 파이썬 스크립팅도 할 것이다.

3.9 연습문제

문항 1. 다음 SAM flag를 해석하시오.

```
SAM flag: 133
```

문항 2. 다음 서열을 CIGAR 문자열로 표현하시오.

```
기준 0: ACCGTT**AACTGCT
서열 1: CGTTTTAACT
서열 2: CCGTT*TAA**GC
서열 3: CGTT**AACT
```

문항 3. VCF 파일의 헤더와 내용을 구분할 수 있는 문자는 무엇인가?

문항 4. BED 파일의 필수적인 3개 열 정보는 무엇인가?

문항 5. 샘플 3개의 정보가 들어 있는 VCF 파일의 내용 부분은 몇 개 열로 이루어져 있는가?

문항 6. Phred33 기준으로 작성된 다음 FASTQ 리드의 퀄리티 평균을 구하시오.

```
@read1
CCAGTAT
+
5??FF<FF
```

답안 1. 133=1+4+128

답안 2. 4M2I4M
5M1I2M2D2M
8M

답안 3. #(샵 문자)

답안 4. 염색체 이름, 포지션 시작, 포지션 끝

답안 5. 12개 열

답안 6. 31.85
5 53 20
? 63 30
? 63 30
F 70 37
F 70 37
〈 60 27
F 70 37
F 70 37

4장

유전자 서열 다루어보기: Sequence 객체

이번 장에서는 바이오파이썬의 기초가 되는 Sequence 객체에 대해 알아보겠다. Sequence 객체를 알아보기 위해 먼저 TATA Box에 대해 말하겠다. 생물학에 대해 학습하였다면 들어봤을 내용이겠지만 모르더라도 공부하는 셈치고 재미 삼아 읽어보자. TATA Box 서열을 다루면 여러분은 이번 장을 마치고 나서 Sequence 객체가 무엇인지 알고 Sequence 객체를 활용하여 관심있는 유전자 서열을 마음껏 다룰 수 있게 될 것이다.

4.1 TATA Box란

Sequence 객체를 소개하기 전에 TATA Box에 대해 얘기해보자. 이왕 서열 예를 드는 김에 생물학과 가까운 내용으로 이끌기 위해 예시를 드는 것이니 부담 가질 필요는 없다.

진핵생물(Eukaryote)의 DNA가 RNA로 전사(Transcript)의 시작점으로 프로모터(Promoter)라는 부위가 있는데 이곳에 RNA 중합효소가 붙어 RNA로 전사가 시작된다. 여기서 TATA Box로 불리는 서열은 어떠한 프로모터 서열에서도 잘 보존된, 즉 어떠한 종(Species)에서도 그 서열 정보가 같다. 이곳에 TBP(TATA Box Binding Protein)이 붙고 전사 인자(Transcription Factor)가 붙어 전사가 일어난다.

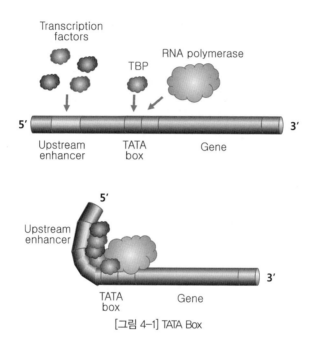

[그림 4-1] TATA Box

다음 서열은 예시로 사용할, TATA Box가 포함된 서열이다.

```
// ...gcagttataaagtaagggttccacatacctcctaacaGTTCCTAGAAAATGCAGCTGTCTT
GGCATTAG... //
```

서열을 손으로 타이핑할 만한 분량으로 줄여보았다.

```
tatabox_seq = "tataaaggcAATATGCAGTAG"
```

4.2 객체란

앞에서 생물학 얘기를 하였다면 이번에는 파이썬 얘기를 해보자. Sequence 객체에 대해 알아보기 전에 파이썬의 객체(Object)에 대해 알아보겠다. 객체 개념을 처음 접하는 독자이거나 객체를 활용하여 프로그래밍해본 경험이 없다면 객체 개념이 추상적일 수도 있다.

객체는 우리가 살아가는 현실세계를 프로그래밍에 반영한 것으로 각 객체는 객체의 특성이라고 할 수 있는 "속성" 개념과 객체의 행동이라고 할 수 있는 "메서드(Method)"를 가지고 있다. 이것을 현실세계를 통해 이해해보자. 자동차라는 객체를 떠올려보자. 여기 검은색 자동차 "붕붕이"가 있다.

[그림 4-2] 검은색 자동차 "붕붕이"

이 자동차의 주유량을 70%라고 가정하자. 이 자동차는 전진, 후진할 수 있다. 차선 변경을 위해 깜빡이를 켤 수도 있다. 지금까지의 내용을 정리해보면 [표 4-1]과 같다.

자동차

속성	기능
– 이름: 붕붕이	+ 앞으로 가기
– 색상: 검정	+ 뒤로 가기
– 주유량: 0.7	+ 깜빡이 켜기

[표 4-1] 자동차 객체

다시 말해 이처럼 객체는 "이름", "색상", "주유량"과 같은 속성과 "앞으로 가기", "뒤로 가기", "깜빡이 켜기" 행위와 같은 메서드를 가지고 있다. Sequence 객체와 같이 앞으로 바이오파이썬에서 만날 객체들은 이렇게 속성과 메서드를 가지고 있으며 바이오파이썬을 활용하는 사용자들에게 편의적 기능들을 제공한다.

바이오파이썬에서 제공하는 객체를 학습할 때 속성과 메서드의 역할에 집중한다면 쉽게 빨리 학습할 수 있을 것이다. 이제 오랫동안 기다렸던 첫 번째 객체를 만나보자.

4.3 Sequence 객체 소개

Sequence 객체에 대해 알아보자. Sequence 객체는 문자열로 된 DNA, RNA, 단백질 서열 정보를 담을 수 있다. 독자 여러분을 너무 오랫동안 기다리게 했으니 곧바로 타이핑부터 해보자.

● 4.3.1 Sequence 객체 만들기

```
# 4.3.1.make_sequence.py
from Bio.Seq import Seq

tatabox_seq = Seq("tataaaggcAATATGCAGTAG")
print(tatabox_seq)  # tataaaggcAATATGCAGTAG 가출력된다.
print(type(tatabox_seq)) # <class 'Bio.Seq.Seq'>
```

[스크립트 4-1] Sequence 객체 만들기

축하한다! 여러분은 처음으로 Sequence 객체를 생성하였다. 생각보다 간단하지 않은가?

Sequence 객체가 가진 메서드를 테이블로 정리하였다. Sequence 객체가 할 수 있는 작업들을 살펴보고 4.4장부터 예시를 통해 자세히 알아보자.

메서드 이름	설명
count( )	Object.count(sub) → Object에 sub가 들어 있는 개수를 반환한다. 겹치지 않는 방식으로 반환하므로 "AAAA"에서 "AA"의 개수를 세면 3이 아닌 2가 반환된다.
lower( )	Object.lower( ) → Object의 Sequence 문자열을 소문자로 바꾸어 반환한다.
upper( )	Object.upper( ) → Object의 Sequence 문자열을 대문자로 바꾸어 반환한다.
split( )	Object.split("기준 문자") → Object의 Sequence 문자열을 문자 기준으로 나눠준다. 만약 기준 문자를 넣어주지 않는다면 공백, 엔터와 같은 문자로 나눠주지만 생물학적 서열에서는 볼 수 없는 서열이다.
strip( )	Object.strip( ) → 파이썬 문자열 메서드와 마찬가지로 양끝의 공백, 엔터와 같은 문자를 제거한다.
startswith( )	Object.startswith("문자") → Sequence 객체의 서열이 지정한 "문자"로 시작하는지를 참, 거짓으로 반환한다.
transcribe( )	Object.transcribe( ) → DNA 서열을 RNA로 전사해준다.
translate( )	Object.translate( ) → DNA 또는 RNA 서열을 단백질 서열로 번역해준다.
complement( )	Object.complement( ) → Sequence 객체가 가진 서열의 상보적 서열을 만들어 반환한다.
reverse_complement( )	Object.reverse_complement( ) → Sequence 객체가 가진 서열의 역상보적 서열을 만들어 반환한다.

[표 4-2] Sequence 객체의 메서드

Sequence 객체는 파이썬 문자열 메서드와 중복되는 점이 많으므로 문자열 다루듯 편하게 Sequence 객체를 다룰 수 있다. 또한 전사나 번역과 같이 유전서열이므로 유전서열 특이적으로 가능한 작업들도 할 수 있다.

팁) 파이썬 dir 내장함수는 객체가 가지고 있는 속성과 메서드를 리스트 형태로 반환하고 help 내장함수는 객체에 대한 설명을 보여준다. dir, help 함수로 객체가 가지고 있는 메서드를 확인해보자.

```
>>>from Bio.Seq import Seq
>>>print(dir(Seq))
>>> print(help(Seq))
```

● 4.3.2 Alphabet 모듈

Sequence 객체를 만들면서 의문이 생길 수 있다. 바이오파이썬의 Sequence 객체는 내가 넣어준 서열이 DNA, RNA, 아미노산 서열 중 어느 것인지 어떻게 알 수 있을까? 내 생각대로 DNA, RNA, 아미노산 서열을 구분해주면 좋겠지만 내가 알려주지 않으면 컴퓨터는 알 수 없다. 그래서 Alphabet 모듈을 사용하여 서열 정보를 추가하겠다.

```
# 4.3.2.alphabet.py
from Bio.Seq import Seq
from Bio.Alphabet import IUPAC

tatabox_seq = Seq("tataaaggcAATATGCAGTAG", IUPAC.unambiguous_dna)
print(tatabox_seq)  # tataaaggcAATATGCAGTAG가 출력된다.
print(type(tatabox_seq)) # <class 'Bio.Seq.Seq'>
```

[스크립트 4-2] Alphabet 모듈

[스크립트 4-1]의 4.3.1.make_sequence.py 파일과 출력되는 결과는 같지만 두 번째, 세 번째 줄에 차이가 있다. Bio.Alphabet에서 IUPAC 모듈을 불러왔고 IUPAC.unambiguous_dna가 Seq 메서드를 호출할 때 인자로 들어가면서 서열이 DNA 서열임을 알려주었다. Alphabet.IUPAC 모듈에는 [표 4-3]과 같이 DNA를 나타내는 객체뿐만 아니라 여러 객체들이 있다.

모듈명	설명
ExtendedIUPACProtein	추가된 IUPACProtein으로 기본 20개 아미노산과 다음 6개 문자들을 포함한다. B : "Asx", Aspartic acid(R) 또는 Asparagine(N) X : "Xxx", 알 수 없는 아미노산 Z : "Glx", Glutamic acid(E) 또는 Glutamine(Q) J : "Xle", Leucine(L) 또는 Isoleucine(I) U : "Sec", Selenocysteine O : "Pyl", Pyrrolysine
IUPACProtein	기본적인 20개 아미노산 문자다.
IUPACAmbiguousDNA	IUPAC의 Ambiguity code를 담은 문자다.
IUPACUnambiguousDNA	ACGT만 포함하는 DNA 서열이다.
ExtendedIUPACDNA	추가된 IUPACDNA로 ACGT와 다음 4개 문자를 포함한다. B : 5-bromouridine D : 5,6-dihydrouridine S : thiouridine W : wyosine
IUPACAmbiguousRNA	IUPAC의 Ambiguity code를 담은 문자다.
IUPACUnambiguousRNA	ACGU만 포함하는 RNA 서열이다.

[표 4-3] Alphabet.IUPAC의 모듈

IUPAC에는 염기를 나타내는 문자인 A, C, G, T 외에도 A와 C를 한 글자인 M과 같이 표기할 수 있다. [표 4-4] IUPAC Ambiguity code에 해당 내용을 정리하였다.

IUPAC code	의미	상보
A	A	T
C	C	G
G	G	C
T/U	T	A
M	A, C	K
R	A, G	Y
W	A, T	W
S	C, G	S
Y	C, T	R
K	G, T	M
V	A, C, G	B

H	A, C, T	D
D	A, G, T	H
B	C, G, T	V
N	A, C, G, T	N

[표 4-4] IUPAC Ambiguity code

 4.4 Sequence 객체 다루기

Sequence 객체를 본격적으로 다루어보자.

● **4.4.1 Sequence 객체에 포함된 서열 세기**

Sequence 객체의 메서드 중 count 메서드는 객체 안에 들어 있는 문자를 세어준다. 마치 문자열의 count 메서드의 역할과 같다. Sequence 객체의 count 메서드를 활용하여 파이썬 스크립트를 작성해보자.

```
# 4.4.1.count.py
from Bio.Seq import Seq

exon_seq = Seq("ATGCAGTAG")
count_a = exon_seq.count("A")
print(count_a)  # 3이 출력된다.
```

[스크립트 4-3] Sequence 객체의 염기 세기

● **4.4.2 Sequence 객체의 GC-contents(%) 계산하기**

앞의 "4.4.1 Sequence 객체에 포함된 서열 세기"에서 설명한 방법으로 G 또는 C의 염기를 세어 전체 서열 중 G, C 염기 함량이 얼마나 들어있는지를 말하는

GC-contents(%)를 계산할 수 있다. Sequence 객체의 count 메서드로 GC-contents(%)를 계산해보자.

GC-contents(%) 계산식은 다음과 같다.

$$GC\text{-}contents(\%) = \frac{(C\ \text{염기 수} + G\ \text{염기 수})}{(\text{전체 염기 수})} \times 100(\%)$$

```
# 4.4.2.gc_contents.py
from Bio.Seq import Seq

exon_seq = Seq("ATGCAGTAG")
g_count = exon_seq.count("G")
c_count = exon_seq.count("C")
gc_contents = (g_count + c_count) / len(exon_seq) * 100
print(gc_contents)  # 44.44
```

[스크립트 4-4] 서열의 GC-contents(%) 계산

Sequence 객체의 count 메서드를 사용하여 G와 C 염기 개수를 세었고 전체 염기 수로 나누어 GC-contents(%)를 계산하였다.

● 4.4.3 Sequence 객체 서열 대소문자 변환하기

파이썬의 문자열 객체와 같은 방식으로 upper 메서드로 대문자, lower 메서드로 소문자로 변환할 수 있다.

```
# 4.4.3.case.py
from Bio.Seq import Seq

tatabox_seq = Seq("tataaaggcAATATGCAGTAG")
```

```
print(tatabox_seq.upper())  # TATAAAGGCAATATGCAGTAG
print(tatabox_seq.lower())  # tataaaggcaatatgcagtag
```

[스크립트 4-5] Sequence 객체 서열 대소문자 변환

● 4.4.4 Sequence 객체 전사, 번역하기

DNA는 mRNA로 전사(Transcribe)되고 번역(Translate)되어 단백질이 된다는 말은 분자생물학 중심원리(Central Dogma)의 핵심이다. 바이오파이썬의 Seq 객체에는 유전서열을 전사, 번역하는 메서드를 가지고 있다.

다음 예시는 코드 가닥(coding strand)과 주형 가닥(template strand)에서 전사와 번역이 일어나는 과정을 나타낸 것이다.

```
코드 가닥 : 5'-ATGCAGTAG-3'
주형 가닥 : 3'-TACGTCATC-5'
 - (전사) →
mRNA : 5'-AUGCAGUAG-3'
 - (번역) →
단백질 서열 : Met-Gln-종결 코돈
```

DNA 주형 가닥과 상보적인 산물인 mRNA는 코드 가닥과 비교하면 T가 U로 바뀐 것 외에는 차이점이 없다. 이렇게 만들어진 mRNA는 5' 방향부터 염기를 3개씩 읽으며 해당 아미노산에 대응하여 단백질 서열을 만들어낸다. 염기에 3개씩 대응하는 아미노산을 정리한 표를 코돈 테이블이라고 한다. 코돈 테이블에 대한 내용은 4.4.8 코돈 테이블에서 살펴보자.

```
# 4.4.4.translate_transcribe.py

from Bio.Seq import Seq
```

바이오파이썬으로 만나는 생물정보학

```
dna = Seq("ATGCAGTAG")
mrna = dna.transcribe()
ptn = dna.translate()
print(mrna)  # AUGCAGUAG
print(ptn)  # MQ*
```

[스크립트 4-6] Sequence 객체 전사, 번역하기

여기서 * 기호는 단백질 번역 과정이 끝나는 종결 코돈을 의미한다.

● 4.4.5 첫 번째 종결 코돈에서 번역 종료하기

[스크립트 4-6]에서 진행했던 서열보다 조금 더 긴 mRNA 서열을 번역한다고 가정해보자.

```
mRNA = "AUGAACUAAGUUUAGAAU"
```

```
# 4.4.5.translate_stop_1.py
from Bio.Seq import Seq

mRNA = Seq("AUGAACUAAGUUUAGAAU")
ptn = mRNA.translate()
print(ptn)  ## MN*V*N
```

[스크립트 4-7] RNA 서열 번역하기

앞의 스크립트를 실행하면 MN*V*N이라는 단백질 서열이 나오는데 중간에 종결 코돈이 들어가 있다. 만약 처음 종결 코돈에서 번역을 종료하려면 어떡해야 할까?

```
# 4.4.5.translate_stop_2.py
```

```
from Bio.Seq import Seq

mRNA = Seq("AUGAACUAAGUUUAGAAU")
ptn = mRNA.translate(to_stop=True)
print(ptn) ## MN
```

[스크립트 4-8] RNA 서열 번역 시 첫 종결 코돈에서 종료하기

앞의 스크립트를 실행하면 MN만 나오게 되며 이것은 처음 생성되는 종결 코돈 이전의 서열이다. Sequence 객체의 translate 메서드에서 to_stop을 True로 값을 주면 이와 같은 결과를 얻을 수 있다.

● 4.4.6 종결 코돈 기준으로 서열 나누기

이번에는 종결 코돈을 기준으로 단백질 서열을 나눠보자. Sequence 객체가 파이썬 문자열 객체처럼 다루면 된다고 여긴다면 생각보다 간단한 방법으로 종결 코돈 기준으로 서열을 나눌 수 있다. Sequence 객체는 파이썬 문자열 객체와 같이 split 메서드를 가지고 있으므로 split 메서드에 종결 코돈 문자를 넣어 분리하여 리스트를 얻을 수 있다.

```
# 4.4.6.split.py
from Bio.Seq import Seq

mrna = Seq("AUGAACUAAGUUUAGAAU")
ptn = mrna.translate()
print(ptn)   ## MN*V*N
for seq in ptn.split("*"):
    print(seq)
```

[스크립트 4-9] 아미노산 서열 종결 코돈 기준으로 나누기

앞의 파이썬 스크립트를 실행하면 전체 서열인 MN*V*N과 종결 코돈을 기준으로 나뉜 MN, V, N이 차례대로 출력되는 것을 확인할 수 있다.

● 4.4.7 DNA Sequence 상보적, 역상보적 서열 만들기

DNA 염기는 아데닌(A)과 티민(T)이 2중결합, 구아닌(G)과 시토신(C)이 3중결합으로 서로 쌍을 이룬다. 다음 예시 서열을 보자. 윗줄과 아랫줄의 관계를 보면 A와 T, G와 C가 각각 쌍을 이루고 있다. 이러한 관계를 상보적(complement) 관계라고 한다.

```
5' - TATAAAGGCAATATGCAGTAG - 3'
3' - ATATTTCCGTTATACGTCATC - 5'
```

그리고 DNA는 방향성이 있어 5'(five prime이라고 읽는다)에서 3'으로 전사나 번역이 진행되는데 위 서열에서 아래 서열로 상보적 서열을 쓰면 보는 것과 같이 방향성이 서로 반대가 된다. 이것을 다시 5'에서 3'으로 문자 순서를 뒤집으면 역상보 서열이 된다. 바이오파이썬을 사용하지 않고도 이것을 구할 수 있다.

```python
# 4.4.7.complement.py
seq = "TATAAAGGCAATATGCAGTAG"
comp_dic = { 'A':'T', 'C':'G', 'G':'C', 'T':'A' }  # 상보적 염기를
키-값으로 하는 사전을 만든다.
comp_seq = ""
for s in seq:  # 서열에서 하나씩 읽어
    comp_seq += comp_dic[s]  # 상보적 염기를 추가해준다.
revcomp_seq = comp_seq[::-1]  # 파이썬 문자열을 뒤집어준다.
print(comp_seq)  # ATATTTCCGTTATACGTCATC
print(revcomp_seq)  # CTACTGCATATTGCCTTTATA
```

[스크립트 4-10] 순수 파이썬 구현으로 DNA Sequence 상보적, 역상보적 서열 만들기

상보적 염기를 키-값으로 하는 사전을 활용하여 상보적, 역상보적 서열을 만들었다. 이렇게 순수 파이썬으로 생성할 수도 있지만 바이오파이썬을 활용하면 더 간단히 상보적, 역상보적 서열을 만들 수 있다.

```
# 4.4.7.complement.bio.py
from Bio.Seq import Seq

seq = Seq("TATAAAGGCAATATGCAGTAG")
comp_seq = seq.complement()
rev_comp_seq = seq.reverse_complement()
print(comp_seq)  # ATATTTCCGTTATACGTCATC
print(rev_comp_seq)  # CTACTGCATATTGCCTTTATA
```

[스크립트 4-11] 바이오파이썬으로 DNA Sequence 상보적, 역상보적 서열 만들기

● 4.4.8 코돈 테이블

앞에서 DNA 서열에서 전사, 번역 과정으로 아미노산 서열이 만들어진다는 것을 알게 되었다. DNA 전사물의 결과로 mRNA가 생성되며 mRNA의 3개 염기를 읽어 코돈 테이블에 맞춰 해당 아미노산이 생성된다고 하였다. 바이오파이썬을 이용하여 코돈 테이블을 출력할 수 있다.

```
# 4.4.8.codonTable.py
from Bio.Data import CodonTable

codon_table = CodonTable.unambiguous_dna_by_name["Standard"]
print(codon_table)
```

[스크립트 4-12] 코돈 테이블 출력하기

standard_table의 출력 결과는 다음과 같다.

```
Table 1 Standard, SGC0

  | T       | C       | A       | G       |
--+---------+---------+---------+---------+--
T | TTT F   | TCT S   | TAT Y   | TGT C   | T
```

바이오파이썬으로 만나는 생물정보학

```
T | TTC F  | TCC S  | TAC Y  | TGC C  | C
T | TTA L  | TCA S  | TAA Stop| TGA Stop| A
T | TTG L(s)| TCG S  | TAG Stop| TGG W  | G
--+---------+---------+---------+---------+--
C | CTT L  | CCT P  | CAT H  | CGT R  | T
C | CTC L  | CCC P  | CAC H  | CGC R  | C
C | CTA L  | CCA P  | CAA Q  | CGA R  | A
C | CTG L(s)| CCG P  | CAG Q  | CGG R  | G
--+---------+---------+---------+---------+--
A | ATT I  | ACT T  | AAT N  | AGT S  | T
A | ATC I  | ACC T  | AAC N  | AGC S  | C
A | ATA I  | ACA T  | AAA K  | AGA R  | A
A | ATG M(s)| ACG T  | AAG K  | AGG R  | G
--+---------+---------+---------+---------+--
G | GTT V  | GCT A  | GAT D  | GGT G  | T
G | GTC V  | GCC A  | GAC D  | GGC G  | C
G | GTA V  | GCA A  | GAA E  | GGA G  | A
G | GTG V  | GCG A  | GAG E  | GGG G  | G
--+---------+---------+---------+---------+--
```

코돈 테이블을 출력하는 파이썬 스크립트의 두 번째 줄에 ["Standard"]가 있는 것처럼 바이오파이썬에서 코돈 테이블을 출력할 때 "Standard"라고 부르는, 테이블 이외의 테이블을 출력해볼 수 있다. [스크립트 4-13]은 미토콘드리아가 사용하는 코돈 테이블을 출력하는 예제다.

```
# 4.4.8.codonTable.mitochondria.py
from Bio.Data import CodonTable

codon_table = CodonTable.unambiguous_dna_by_name["Vertebrate Mitochondrial"]
print(codon_table)
```

[스크립트 4-13] 미토콘드리아의 코돈 테이블 출력하기

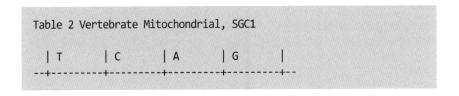

```
Table 2 Vertebrate Mitochondrial, SGC1

  | T    | C    | A    | G    |
--+---------+---------+---------+---------+--
```

```
T | TTT F  | TCT S  | TAT Y    | TGT C   | T
T | TTC F  | TCC S  | TAC Y    | TGC C   | C
T | TTA L  | TCA S  | TAA Stop | TGA W   | A
T | TTG L  | TCG S  | TAG Stop | TGG W   | G
--+--------+--------+----------+---------+--
C | CTT L  | CCT P  | CAT H    | CGT R   | T
C | CTC L  | CCC P  | CAC H    | CGC R   | C
C | CTA L  | CCA P  | CAA Q    | CGA R   | A
C | CTG L  | CCG P  | CAG Q    | CGG R   | G
--+--------+--------+----------+---------+--
A | ATT I(s)| ACT T | AAT N    | AGT S   | T
A | ATC I(s)| ACC T | AAC N    | AGC S   | C
A | ATA M(s)| ACA T | AAA K    | AGA Stop| A
A | ATG M(s)| ACG T | AAG K    | AGG Stop| G
--+--------+--------+----------+---------+--
G | GTT V  | GCT A  | GAT D    | GGT G   | T
G | GTC V  | GCC A  | GAC D    | GGC G   | C
G | GTA V  | GCA A  | GAA E    | GGA G   | A
G | GTG V(s)| GCG A | GAG E    | GGG G   | G
--+--------+--------+----------+---------+--
```

● 4.4.9 Sequence 객체에서 ORF 찾기

ORF(Open Reading Frame)은 시작 코돈인 ATG부터 시작하여 3개 염기서열씩 읽다가 종결 코돈인 TAA, TAG, TGA 중 하나를 만나면 하나의 단백질을 만들 가능성이 있다.

```
Open Reading Frame

TATAAAGGCAATATGCAGTAGGGCA
AAGGCAACGGAAGGCCGGAAAAAGG
CCATGCCCGGTGGGTTTTCCCCAGC
GTGACCCGGAAAACCTGAGGAACCC
```

앞의 TATA Box 서열에서 시작 코돈과 종결 코돈을 찾아보자.

```
# 4.4.9.orf_finder.py

from Bio.Seq import Seq

tatabox_seq = Seq("tataaaggcAATATGCAGTAG")
start_idx = tatabox_seq.find("ATG")
end_idx = tatabox_seq.find("TAG", start_idx)  # 예문의 편의상 TAG로
하였다.
orf = tatabox_seq[start_idx:end_idx+3]  # 파이썬 문자열과 같은 방법으
로 슬라이싱이 가능하다.
print(orf)  # ATGCAGTAG
```

[스크립트 4-14] Sequence 객체에서 ORF 찾기

 4.5 Bio.SeqUtils 모듈 활용

Bio.SeqUtils 모듈은 앞에서 만났던 GC-contents(%)를 간단히 계산해주거나 서열의 무게 계산, 유전서열에서 나올 수 있는 모든 아미노산 서열을 정리하여 보여주는 메서드들을 담고 있다.

● **4.5.1 Bio.SeqUtils로 GC-contents(%) 계산하기**

Sequence 객체에서 간단히 count 메서드를 사용하여 GC-contents(%)를 계산하는 방법 이외에 Bio.SeqUtils의 GC 메서드를 사용하여 GC-contents(%)를 계산할 수 있다.

```
# 4.5.1.gc_contents.py
from Bio.Seq import Seq
from Bio.SeqUtils import GC

exon_seq = Seq("ATGCAGTAG")
```

```
gc_contents = GC(exon_seq)
print(gc_contents)  # 44.44
```

[스크립트 4-15] Bio.SeqUtils로 GC-contents(%) 계산하기

● 4.5.2 Bio.SeqUtils로 서열의 무게 계산하기

Bio.SeqUtil의 molecular_weight 메서드로 서열의 무게를 계산할 수 있다.

```
# 4.5.2.calc_molecular_weight.py
from Bio.Seq import Seq
from Bio.Alphabet import IUPAC
from Bio.SeqUtils import molecular_weight

seq1 = Seq("ATGCAGTAG")
seq2 = Seq("ATGCAGTAG", IUPAC.unambiguous_dna)
seq3 = Seq("ATGCAGTAG", IUPAC.protein)

print(molecular_weight(seq1))  # 2842.82가 출력된다
print(molecular_weight(seq2))  # 2842.82가 출력된다
print(molecular_weight(seq3))  # 707.75가 출력된다
```

[스크립트 4-16] Bio.SeqUtils로 서열의 무게 계산하기

이처럼 서열은 같지만 DNA와 단백질 서열의 차이 때문에 무게가 다르다.

● 4.5.3 Bio.SeqUtils로 가능한 모든 번역 구하기

Bio.SeqUtils의 six_frame_translations 메서드로 DNA 서열에서 가능한 모든 6개
의 번역된 서열을 구할 수 있다.

```
# 4.5.3.make_six_frame_translations.py
from Bio.Seq import Seq
from Bio.SeqUtils import six_frame_translations

seq1 = Seq("ATGCCTTGAAATGTATAG")
print(six_frame_translations(seq1))
```

[스크립트 4-17] Bio.SeqUtils로 가능한 모든 번역 구하기

[스크립트 4-17]을 실행하면 다음과 같은 결과가 출력된다.

```
GC_Frame: a:6 t:6 g:4 c:2
Sequence: atgccttgaaatgtatag, 18 nt, 33.33 %GC

1/1
  A  L  K  C  I
 C  L  E  M  Y
 M  P  *  N  V  *
atgccttgaaatgtatag    33 %
tacggaactttacatatc
 G  Q  F  T  Y
  H  R  S  I  Y  L
   A  K  F  H  I
```

서열에 맞추어 가능한 6가지 번역이 한 줄씩 깔끔히 정리되었다. 또한 서열 내 포
함된 염기를 세어주고 길이와 GC-contents(%)도 계산해주었다.

● 4.5.4 Bio.SeqUtils로 DNA 서열 Tm 계산하기

Bio.SeqUtils의 MeltingTemp 메서드로 DNA 서열의 Tm을 계산할 수 있다. DNA
의 이중 나선은 온도를 가하면 단일 사슬로 분리되는데 Tm이란 이중 나선의 절반
이 단일 나선이 될 때의 온도를 말한다. GC 간 결합이 AT 간 결합보다 결합 힘이
세기 때문에 GC-contents(%)가 높을수록 Tm값이 올라간다.

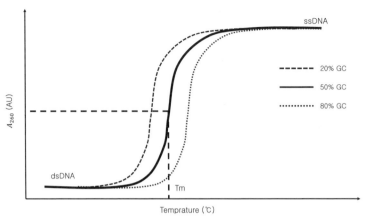

[그림 4-3] Melting temperature 그래프

이제 Tm을 계산해보자.

```
# 4.5.4.calc_melting_temperature.py
from Bio.SeqUtils import MeltingTemp as mt
from Bio.Seq import Seq

myseq = Seq("AGTCTGGGACGGCGCGGCAATCGCA")
print(mt.Tm_Wallace(myseq))   # 84.0이 출력된다.
```

[스크립트 4-18] Bio.SeqUtils로 DNA 서열 Tm 계산하기

● 4.5.5 Bio.SeqUtils로 아미노산 서열의 약자와 기호간 변환하기

Bio.SeqUtils의 seq1 메서드와 seq3 메서드로 아미노산 서열의 약자와 기호간 상호변환을 할 수 있다.

아미노산 서열을 표현하는 방법은 [표 4-5]와 같다.

아미노산	영어명	기호	약자
알라닌	Alanine	Ala	A

시스테인	Cysteine	Cys	C
아스파르트산	Aspartic acid	Asp	D
글루탐산	Glutamic acid	Glu	E
페닐알라닌	Phenylalanine	Phe	F
글라이신	Glycine	Gly	G
히스티딘	Histidine	His	H
아이소류신	Isoleucine	Ile	I
라이신	Lysine	Lys	K
류신	Leucine	Leu	L
메티오닌	Methionine	Met	M
아스파라긴	Asparagine	Asn	N
피롤라이신	Pyrrolysine	Ply	O
프롤린	Proline	Pro	P
글루타민	Glutamine	Gln	Q
아르기닌	Arginine	Arg	R
세린	Serine	Ser	S
트레오닌	Threonine	Thr	T
셀레노시스테인	Selenocysteine	Sec	U
발린	Valine	Val	V
트립토판	Tryptophan	Trp	W
타이로신	Tyrosine	Tyr	Y

[표 4-5] 아미노산의 기호와 약자

기호로 표기된 아미노산 서열을 약자로 표기하거나 그 반대로 할 수도 있다.

```
# 4.5.5.convert_aminoacid_1to3.py
from Bio.SeqUtils import seq1

essential_amino_acid_3 = "LeuLysMetValIleThrTrpPhe"
print(seq1(essential_amino_acid_3))  ## LKMVITWF가 출력된다.
```

[스크립트 4-19] 아미노산 서열 기호를 약자로 변환하기

```
# 4.5.5.convert_aminoacid_3to1.py
from Bio.SeqUtils import seq3

essential_amino_acid_1 = "LKMVITWF"
print(seq3(essential_amino_acid_1))   ## LeuLysMetValIleThrTrpPhe가
출력된다.
```

[스크립트 4-20] 아미노산 약자를 서열 기호로 변환하기

 ## 정리

바이오파이썬 Seq 라이브러리를 불러오는 방법은 다음과 같다.

```
from Bio.Seq import Seq
```

Seq 객체를 만드는 방법은 다음과 같다.

```
seq = Seq("ACGT")
```

객체에는 속성과 메서드가 있으며 Seq 객체는 파이썬 문자열처럼 count 메서드로 염기 수를 셀 수 있다. Seq 객체의 transcribe, translate 메서드로 서열을 전사, 번역할 수 있고, complement, reverse_complement 메서드로 서열의 상보 서열, 역상보 서열을 구할 수 있다.

코돈 테이블을 출력하는 방법은 다음과 같다.

```
from Bio.Data import CodonTable
print(CodonTable.unambiguous_dna_by_name["Standard"])
```

Bio.SeqUtil을 활용하여 GC-contents(%) 계산, 유전 서열의 무게, 번역 가능한 모든 아미노산 서열, DNA 서열의 Tm 계산, 아미노산 서열의 약자와 기호 간 변환을 할 수 있다.

4.7 연습문제

문항 1. 다음 서열을 Sequence 객체로 만들어 대문자로 변환하시오.

서열: aagtGACAGggatTG

문항 2. 다음 서열을 첫 번째 종결 코돈까지 번역하시오.

서열: AAGTGACAGGGATTG

문항 3. 다음 서열의 역상보 서열의 GC(%)와 녹는 점(Tm)을 계산하시오.

서열: AAGTGACAGGGATTG

문항 4. 바이오파이썬의 코돈 테이블을 참고하여 인간과 미토콘드리아의 종결 코돈을 알아보시오.

답안 1.

```
from Bio.Seq import Seq

myseq = Seq("aagtGACAGggatTG")
print(myseq.upper())  ## AAGTGACAGGGATTG
```

답안 2.

```
from Bio.Seq import Seq

myseq = Seq("AAGTGACAGGGATTG")
print(myseq.translate(to_stop=True))  ## K
```

답안 3.

```
from Bio.Seq import Seq
from Bio.SeqUtils import GC
from Bio.SeqUtils import MeltingTemp as mt

my_seq = Seq("AAGTGACAGGGATTG")
revcomp_seq = my_seq.reverse_complement()

print(my_seq)  ## AAGTGACAGGGATTG
print(revcomp_seq)  ## CAATCCCTGTCACTT
print(GC(revcomp_seq))  ## 46.6
print(mt.Tm_Wallace(revcomp_seq))  ## 44.0
```

답안 4.
인간: TAA, TAG, TGA
미토콘드리아: TAA, TAG, AGA, AGG

5장

· · · · · · ·

Sequence record 객체

이번 장에서는 Sequence record 객체에 대해 알아볼 것이다. 우선 Sequence record 객체의 속성에 대해 알아보고 FASTA 파일과 GenBank 파일을 읽어 SeqRecord 객체를 만들어보겠다.

5.1 SeqRecord 객체

Sequence record 객체는 SeqRecord 객체라고도 불리는데 4장에서 학습한 Seq 객체에 추가적인 정보들을 넣을 수 있는 객체다. 단순히 서열만 다룬다면 간단히 Seq 객체를 사용하면 되지만 서열 외에 서열의 이름, NCBI의 ID 등과 같이 추가적인 정보들을 한 객체 안에 넣어야 한다면 SeqRecord 객체를 사용하는 것이 바람직하다. 우선 가장 간단한 SeqRecord 객체를 만들어보자. 다음 예제는 Seq 객체에서 SeqRecord 객체를 만드는 과정이다.

```
# 5.1.simple_seqrecord_object_example_1.py

from Bio.Seq import Seq
from Bio.SeqRecord import SeqRecord # Bio.SeqRecord에서 SeqRecord를 import하였다.

seq = Seq("ACGT") # 먼저 Sequence 객체를 만든다.
seqRecord = SeqRecord(seq) # SeqRecord 객체를 만든다.

print(seqRecord)
```

[스크립트 5-1] Seq 객체에서 SeqRecord 객체 생성하기

우선 Sequence 객체를 만들어 SeqRecord에 넣어 SeqRecord 객체를 만든다. 생각보다 간단하지 않은가? 서열 정보를 담고 있는 Sequence 객체를 SeqRecord에 넣기만 하면 SeqRecord 객체가 생성된다. 만들어진 SeqRecord 객체를 출력하면 [스크립트 5-1 실행 결과]와 같이 ID, Name, Description, Number of features, Seq이 출력된다.

```
ID: <unknown id>
Name: <unknown name>
Description: <unknown description>
Number of features: 0
Seq('ACGT')
```

[스크립트 5-1 실행 결과]

간단히 Sequence 객체만 넣어 SeqRecord 객체를 만들었기 때문에 Seq을 제외한 나머지 속성들은 unknown으로 표기되었다. 초기에 SeqRecord 객체를 생성할 때 속성값을 집어 넣어보자.

```
# 5.1.simple_seqrecord_object_example_2.py

from Bio.Seq import Seq
from Bio.SeqRecord import SeqRecord
```

바이오파이썬으로 만나는 생물정보학

```
simple_seq = Seq("ACGT")
simple_seqRecord = SeqRecord(simple_seq, id="NC_1111", name="Test")
# SeqRecord 객체를 만들 때, id와 name에 각각 값을 집어 넣었다.

print(simple_seqRecord)
```

[스크립트 5-2] SeqRecord 객체 생성 초기값 넣기

```
ID: NC_1111
Name: Test
Description: <unknown description>
Number of features: 0
Seq('ACGT')
```

[스크립트 5-2 실행 결과]

SeqRecord 객체를 출력해보면 간단히 Sequence 객체만 넣어 만든 경우와 달리 ID와 Name 속성에 값이 들어갔다. 객체를 생성한 후에 속성값을 바꾸려면 [스크립트 5-3 실행 결과]와 같이 하면 된다.

```
# 5.1.simple_seqrecord_object_example_3.py

from Bio.Seq import Seq
from Bio.SeqRecord import SeqRecord

simple_seq = Seq("ACGT")
simple_seqRecord = SeqRecord(simple_seq, id="NC_1111", name="Test")
simple_seqRecord.name ="Another name"

print(simple_seqRecord)
```

[스크립트 5-3] SeqRecord 객체 생성 후 속성값 변경하기

```
ID: NC_1111
Name: Another name
Description: <unknown description>
```

```
Number of features: 0
Seq('ACGT', Alphabet())
```

[스크립트 5-3 실행 결과]

객체.name에 바로 접근하여 속성값을 바꿀 수 있음을 확인하였다.

5.2 SeqRecord 객체의 속성

5.1에서 SeqRecord 객체에 id, name과 같은 속성이 있음을 살펴보았다. SeqRecord 객체의 다른 속성들로 어떤 것들이 있을까?

속성 이름	설명
seq	서열을 의미한다.
id	Locus와 같은 ID를 의미한다.
name	서열의 이름을 의미하며 유전자 이름과 같은 것이 들어갈 수도 있다.
description	추가 설명이 들어간다.
letter_annotation	파이썬 사전형 형태로 사용자가 추가 설명을 키-값 쌍으로 넣을 수 있다.
annotations	추가 설명이 파이썬 사전형 형태로 들어 있다.
features	서열 구간에 대한 특징이 들어간다.
dbxrefs	추가 데이터베이스가 있다면 내용이 들어간다.

[표 5-1] SeqRecord 객체의 속성

속성에 대해서는 우선 이 정도만 알아보고 실제 GenBank 파일을 읽어 예시와 함께 설명한 6장의 "6.3 GenBank 파일 읽기"에서 더 자세히 알아보자.

5.3 SeqRecord 객체 만들기

SeqRecord 객체를 만드는 3가지 방법에 대해 학습해보겠다.

● 5.3.1 문자열로부터 SeqRecord 객체 만들기

SeqRecord 객체를 만드는 첫 번째 방법은 Seq 객체로부터 SeqRecord 객체를 만드는 것이다. 이것은 5.1에서 잠깐 소개한 내용으로 한 번 더 정리해보자. 소문자 s와 대문자 S가 혼동될 수 있으니 대소문자에 주의하여 파이썬 스크립트를 살펴보자.

```
# 5.3.1.seqRecord_example.py

from Bio.Seq import Seq
from Bio.SeqRecord import SeqRecord

seq = Seq("ACGT")
seqRecord = SeqRecord(seq)
print(seqRecord)
print("----------")

# SeqRecord 객체에 설명을 넣어준다.
seqRecord.id = "NC_1111"
seqRecord.name = "GeneA"
seqRecord.description = "This is a description."
seqRecord.annotations["Annotation_Key1"] = "Annotation_Value1"
seqRecord.annotations["Annotation_Key2"] = "Annotation_Value2"
print(seqRecord)
```

[스크립트 5-4] 문자열로부터 SeqRecord 객체 만들기

```
ID: <unknown id>
Name: <unknown name>
Description: <unknown description>
Number of features: 0
Seq('ACGT')
----------
ID: NC_1111
Name: GeneA
Description: This is a description.
Number of features: 0
/Annotation_Key1=Annotation_Value1
/Annotation_Key2=Annotation_Value2
Seq('ACGT')
```

[스크립트 5-4 실행 결과]

Seq 객체로부터 SeqRecord 객체를 만들었다. 객체 속성에 직접 접근하여 객체에 대한 설명을 넣어주었다. SeqRecord 객체의 Annotation의 경우, 파이썬 사전형 형태로 키-값 쌍으로 넣을 수 있어 여러 개 값을 넣을 수 있음을 확인하였다.

● 5.3.2 FASTA 파일로부터 SeqRecord 객체 만들기

FASTA 파일로부터 SeqRecord 객체를 만들어보자. 예시로 준비한 파일은 생물학의 주요 모델 생물 중 하나인 Escherichia coli(대장균)의 lac 오페론 유전자의 FASTA 서열이다. 참고로 lac 오페론에 대해 말해보자면 Escherichia coli는 포도당이 주 에너지원으로 포도당이 많은 환경에서는 포도당을 주 에너지원으로 사용한다.

만약 포도당이 모자라고 젖당이 많은 환경이라면 젖당 분해효소(lactase)를 분비하여 젖당을 에너지원으로 사용한다. 다음은 lac 오페론의 작용을 그림으로 표현한 것이다.

바이오파이썬으로 만나는 생물정보학

●젖당이 없는 경우

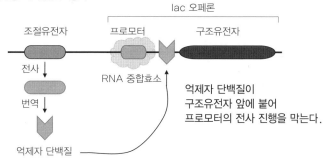

●젖당이 있는 경우

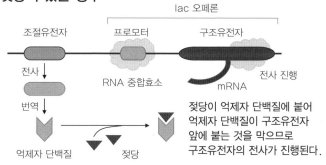

[그림 5–1] lac 오페론의 메커니즘

FASTA 파일을 읽어 SeqRecord 객체로 만들기 위해 바이오파이썬의 SeqIO.read
( ) 메서드를 사용할 것이다. SeqIO.read( ) 메서드는 파일과 파일 종류를 인자로
넣어준다. 메서드의 자세한 내용에 대해서는 6장에서 다루겠다.

```
#5.3.2.seqRecord_FASTA_example.py

from Bio import SeqIO

record = SeqIO.read("J01636.1.fasta","fasta")
print(type(record))
print(record)
```

[스크립트 5–5] FASTA 파일로부터 SeqRecord 객체 만들기

```
<class 'Bio.SeqRecord.SeqRecord'>
ID: J01636.1
Name: J01636.1
Description: J01636.1 E.coli lactose operon with lacI, lacZ, lacY and lacA genes
Number of features: 0
Seq('GACACCATCGAATGGCGCAAAACCTTTCGCGGTATGGCATGATAGCGCCCGGAA...GAC', SingleLetterAlphabet())
```

[스크립트 5-5 실행 결과]

스크립트를 실행하면 SeqIO.read( ) 메서드가 FASTA 파일을 읽어 SeqRecord 객체를 record라는 변수에 넣는다. record 변수의 타입을 출력해보면 〈class 'Bio. SeqRecord.SeqRecord'〉로 나오는 것으로 SeqRecord 객체가 생성된 것을 확인할 수 있다. 또한 SeqRecord 객체를 출력해보면 ID, Name, Description, Seq 부분으로 나뉘어 출력되는데 실제 FASTA 파일과 비교해보자.

J01636.1.fasta

```
>J01636.1 E.coli lactose operon with lacI, lacZ, lacY and lacA genes
GACACCATCGAATGGCGCAAAACCTTTCGCGGTATGGCATGATAGCGCCCGGAAGAGAGTCAATTCAGGG
TGGTGAATGTGAAACCAGTAACGTTATACGATGTCGCAGAGTATGCCGGTGTCTCTTATCAGACCGTTTC
CCGCGTGGTGAACCAGGCCAGCCACGTTTCTGCGAAAACGCGGGAAAAAGTGGAAGCGGCGATGGCGGAG
CTGAATTACATTCCCAACCGCGTGGCACAACAACTGGCGGGCAAACAGTCGTTGCTGATTGGCGTTGCCA
CCTCCAGTCTGGCCCTGCACGCGCCGTCGCAAATTGTCGCGGCCGATTAAATCTCGCGCCGATCAACTGGG
... 후략
```

ID, Name, Description 속성은 FASTA 파일의 헤더 부분이 파싱되어 들어갔고 Seq 속성은 서열 부분이 들어간 것을 확인할 수 있다.

● 5.3.3 GenBank 파일로부터 SeqRecord 객체 만들기

GenBank 파일로부터 SeqRecord 객체를 만들어보자. 이번 예시는 5.3.2에서 진행한 Escherichia coli의 J01636.1 GenBank 포맷의 파일이다. FASTA 파일과 동

일하게 SeqIO.read( ) 메서드를 사용하며 파일의 이름을 바꾸고 파일 종류를 fasta
에서 genbank로 바꾸기만 하면 된다.

```
#5.3.3.seqRecord_GenBank_example.py

from Bio import SeqIO

record = SeqIO.read("J01636.1.gbk","genbank")
print(type(record))
print(record)
```

[스크립트 5-6] GenBank 파일로부터 SeqRecord 객체 만들기

```
<class 'Bio.SeqRecord.SeqRecord'>
ID: J01636.1
Name: ECOLAC
Description: E.coli lactose operon with lacI, lacZ, lacY and lacA genes
Number of features: 22
/molecule_type=DNA
/topology=linear
/data_file_division=BCT
/date=05-MAY-1993
/accessions=['J01636', 'J01637', 'K01483', 'K01793']
/sequence_version=1
/keywords=['acetyltransferase', 'beta-D-galactosidase', 'galactosidase', 'lac operon', 'lac repressor
protein', 'lacA gene', 'lacI gene', 'lacY gene', 'lacZ gene', 'lactose permease', 'mutagenesis',
'palindrome', 'promoter region', 'thiogalactoside acetyltransferase']
/source=Escherichia coli
/organism=Escherichia coli
... 후략
```

[스크립트 5-6 실행 결과]

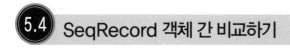

5.4 SeqRecord 객체 간 비교하기

SeqRecord 객체들을 비교해보자. 비교하기 전에 파이썬 문자열 간 비교법을 리뷰

해보겠다. 파이썬 문자열 비교는 == 연산자를 사용한다. == 연산자의 왼쪽과 오른쪽이 같으면 True, 다르면 False가 반환된다.

```
#5.4.compare_example_1.py

str1 = "ACGT"
str2 = "ACGT"

print(str1)  # ACGT가 출력된다.
print(str2)  # ACGT가 출력된다.
print(str1 == str2)  # True가 출력된다.
```

[스크립트 5-7] 파이썬 문자열 간 비교하기

예상대로 True가 출력된다. 이번에는 SeqRecord 객체를 만들어 비교해보자.

```
#5.4.compare_example_2.py

from Bio.Seq import Seq
from Bio.SeqRecord import SeqRecord

seq1 = Seq("ACGT")
record1 = SeqRecord(seq1)
print(record1)

print("----------")

seq2 = Seq("ACGT")
record2 = SeqRecord(seq2)
print(record2)
```

[스크립트 5-8] SeqRecord 객체 간 비교하기

```
ID: <unknown id>
Name: <unknown name>
Description: <unknown description>
Number of features: 0
```

```
Seq('ACGT')
----------
ID: <unknown id>
Name: <unknown name>
Description: <unknown description>
Number of features: 0
Seq('ACGT')
```

[스크립트 5-8 실행 결과]

SeqRecord 객체인 record1과 record2는 똑같은 내용과 방법으로 만들었기 때문에 두 객체를 == 연산자로 비교하면 True가 나와야 한다. 예상대로 출력되는지 확인해보자.

```
#5.4.compare_example_3.py

from Bio.Seq import Seq
from Bio.SeqRecord import SeqRecord

seq1 = Seq("ACGT")
record1 = SeqRecord(seq1)

seq2 = Seq("ACGT")
record2 = SeqRecord(seq2)

print(record1 == record2) # NotImplementedError가 발생한다.
```

[스크립트 5-9] SeqRecord 객체 간 비교하기

```
---------------------------------------------------
NotImplementedError  Traceback (most recent call last)
<ipython-input-14-231601c89ccb> in <module>()
      8 record2 = SeqRecord(seq2)
      9
---> 10 print(record1 == record2)

/home/user/anaconda3/lib/python3.6/site-packages/Bio/SeqRecord.py in __eq__(self, other)
```

```
746
747    def __eq__(self, other):
--> 748       raise NotImplementedError(_NO_SEQRECORD_COMPARISON)
749
750    def __ne__(self, other):

NotImplementedError: SeqRecord comparison is deliberately not implemented. Explicitly compare the attributes of interest.
```

[스크립트 5-9 실행 결과]

실행해보니 NotImplementedError가 발생하였다. 오류 내용을 살펴보면 10번 라인의 SeqRecord 객체끼리 == 연산자를 수행한 부분에서 오류가 발생하였고 747번 라인의 def __eq__(self, other):와 다음 줄인 748번 라인의 raise NotImplementedError로 오류를 발생시키고 있다.

어려운 말일 수도 있으니 간단히 말해보면 SeqRecord 객체에서 == 연산을 수행하면 오류가 생기도록 만들어 놓았다는 뜻이나. 그렇다면 두 SeqRecord 객체를 어떻게 비교할까?

```
#5.4.compare_example_4.py

from Bio.Seq import Seq
from Bio.SeqRecord import SeqRecord

seq1 = Seq("ACGT")
record1 = SeqRecord(seq1)

seq2 = Seq("ACGT")
record2 = SeqRecord(seq2)

print(record1.seq == record2.seq)  # True가 출력된다.
```

[스크립트 5-10] SeqRecord 객체 간 비교하기

바로 SeqRecord 자체가 아닌 SeqRecord가 가지고 있는 속성끼리 비교하면 된다.

바이오파이썬으로 만나는 생물정보학

5.5 정리

이번 장에서는 SeqRecord 객체에 대해 알아보았다. 문자열뿐만 아니라 FASTA, GenBank 파일로부터 SeqRecord 객체를 만들어보았다. 또한 SeqRecord 객체들을 비교해보았으며 단순한 객체 비교뿐만 아니라 객체 내부 속성을 비교하여 같음과 다름 여부를 비교한다는 점을 학습하였다.

5.6 연습문제

문항 1. 제공된 NC_000006.12.fasta 파일을 읽어 SeqRecord 객체로 만든 후, 객체를 print로 출력해보자. (답안 없음)

문항 2. 제공된 NC_000006.12.gbk 파일을 읽어 SeqRecord 객체로 만든 후, 객체를 print로 출력해보자. (답안 없음)

6장

○ ● ● ● ● ● ● ●

FASTA, FASTQ, GenBank 파일: Sequence 읽기

이번 장에서는 SeqIO 모듈에 대해 학습할 것이다. 5장에서 FASTA 파일이나 GenBank 파일로부터 Sequence record 객체를 만들었다. 이번 단원은 SeqIO 모듈을 활용하여 읽어보도록 하겠다. SeqIO 모듈은 2가지 메서드를 제공한다. 하나는 SeqIO.parse( )이고 다른 하나는 SeqIO.read( )다. 각 단락에서 어떠한 경우에 해당 메서드를 사용하는지 알아보고 그 활용법에 대해 자세히 알아보도록 하겠다.

6.1 SeqIO 모듈로 Sequence 파일을 읽는 두 가지 방법 – FASTA 파일 읽기

6.1에서는 SeqIO.parse( )와 SeqIO.read( )의 두 메서드에 대해 알아볼 것이다. 6.1에서 사용하는 예제는 FASTA 파일을 가지고 진행할 것이며 실제 NCBI에 있는 FASTA 파일을 위에서 두 줄만 잘라 만든 파일이다. sample_1.fasta 파일은 레코드 1개만 있는 파일이며 sample_2.fasta 파일은 레코드 2개가 있는 파일이다.

sample_1.fasta 파일

>AF501235.1 Influenzavirus A (A/duck/Shanghai/1/2000) hemagglutinin gene, complete cds
ATGGAGAAAATAGTGCTTCTTCTTGCAATAGTCAGTCTTGTTAAAAGTGATCAGATTTGCATTGGTTACC
ATGCAAACAACTCGACAGAGCAGGTTGACACAATAATGGAAAAGAACGTTACTGTTACACATGCCCAAGA

sample_2.fasta 파일

>MH464856.1 Hepatitis B virus isolate MA134, complete genome
TTCCACAACATTCCACCAAGCTCTGCAGGATCCCAGAGTAAGAGGCCTGTATTTTCCTGCTGGTGGCTCC
AGTTCCGGAACAGTGAACCCTGTTCCGACTACTGCCTCACTCATCTCGTCAATCTTCTCGAGGATTGGGG
>CP002925.1 Streptococcus pseudopneumoniae IS7493, complete genome
TTGAAAGAAAAACAATTTTGGAATCGTATATTAGAATTTGCTCAAGAAAGACTGACTCGATCCATGTATG
ATTTCTATGCTATTCAAGCTGAACTCATCAAGGTAGAGGAAAATGTTGCCACTATATTTTTACCACGATC

● 6.1.1 SeqIO.parse( ) 메서드로 파일 읽기

Sequence 파일을 읽는 2가지 방법 중 먼저 소개할 방법은 SeqIO.parse( ) 메서드를 사용하는 것이다. 우선 간단한 예제를 살펴보고 얘기해보자.

```
#6.1.1.parse_example_1.py

from Bio import SeqIO

seq = SeqIO.parse("sample_1.fasta", "fasta")
print(type(seq))
for s in seq:
    print(type(s))
    print(s)
    print("") # 줄 구분을 위해 넣었다.
```

[스크립트 6-1] SeqIO.parse( ) 메서드로 하나의 레코드가 있는 FASTA 파일 읽기

```
<class 'generator'>
<class 'Bio.SeqRecord.SeqRecord'>
ID: AF501235.1
Name: AF501235.1
Description: AF501235.1 Influenzavirus A (A/duck/Shanghai/1/2000) hemagglutinin gene, complete cds
Number of features: 0
Seq('ATGGAGAAAATAGTGCTTCTTCTTGCAATAGTCAGTCTTGTTAAAAGTGATCAG...AGA', SingleLetterAlphabet())
```

[스크립트 6-1 실행 결과]

레코드 1개가 들어 있는 sample_1.fasta 파일을 읽었다. SeqIO.parse( ) 메서드는
인자 2개가 들어간다. 첫 번째는 파일 이름이고 두 번째는 첫 번째에 넣어준 인자
의 파일 종류다. [표 6-1]은 두 번째 인자로 들어가는 파일 종류다. 자주 사용하는
파일 포맷 위주로 소개하겠다.

포맷	설명
clustal	Multiple alignment 툴에서 나온 결과로 범용적으로 사용되는 alignment 포맷이다. 7장에서 자세한 내용을 살펴보겠다.
fasta	염기서열을 표기한 파일로 >로 시작하는 헤더와 아래 서열이 있다. 헤더와 서열을 레코드라고 부르며 fasta 파일에는 1개 이상의 레코드가 들어갈 수 있다.
fastq	FASTA 파일에 quality 정보가 추가된 파일이다.
genbank	염기서열 및 아미노산 서열, 종 정보, 관련 논문 저자, 제목, pubmed ID 등의 메타 정보가 담긴 파일이다.

[표 6-1] SeqIO.parse( ) 메서드가 읽을 수 있는 파일 포맷 중 교재에서 다루는 포맷

이외에도 SeqIO는 현재 총 29개 파일 종류를 지원하며 바이오파이썬이 업데이트
될수록 더 많은 포맷이 지원될 예정이다. 자세한 내용은 바이오파이썬에서 제공하
는 다음 링크를 참조하자.

https://biopython.org/wiki/SeqIO

FASTA 포맷 파일은 1개 이상의 레코드가 들어갈 수 있다고 하였다. 그래서 이번
에는 레코드 2개가 들어 있는 FASTA 파일을 읽어볼 것이다.

```
#6.1.1.parse_example_2.py

from Bio import SeqIO

seq = SeqIO.parse("sample_2.fasta", "fasta")
print(type(seq))
for s in seq:
    print(type(s))
    print(s)
    print("") # 줄 구분을 위해 넣었다.
```

[스크립트 6-2] SeqIO.parse( ) 메서드로 2개의 레코드가 있는 FASTA 파일 읽기

```
<class 'generator'>
<class 'Bio.SeqRecord.SeqRecord'>
ID: MH464856.1
Name: MH464856.1
Description: MH464856.1 Hepatitis B virus isolate MA134, complete genome
Number of features: 0
Seq('TTCCACAACATTCCACCAAGCTCTGCAGGATCCCCAGAGTAAGAGGCCTGTATTT...GGG', SingleLetterAlphabet())

<class 'Bio.SeqRecord.SeqRecord'>
ID: CP002925.1
Name: CP002925.1
Description: CP002925.1 Streptococcus pseudopneumoniae IS7493, complete genome
Number of features: 0
Seq('TTGAAAGAAAAACAATTTTGGAATCGTATATTAGAATTTGCTCAAGAAAGACTG...ATC', SingleLetterAlphabet())
```

[스크립트 6-2 실행 결과]

같은 SeqIO.parse( ) 메서드를 사용하여 레코드가 2개 들어 있는 FASTA 파일을
무리없이 읽었다. for문을 활용하여 각 레코드를 순환하며 출력하였다.

● 6.1.2 SeqIO.read( ) 메서드로 파일 읽기
....

이번에는 Sequence 파일을 읽는 두 번째 방법인 SeqIO.read( ) 메서드를 사용해

보자. 이전에 보았던 SeqIO.parse( ) 메서드와 동일하게 SeqIO.read( ) 메서드는
첫 번째 인자로 파일 이름, 두 번째 인자로 파일 종류를 넣는다. 한 가지 다른 점은
SeqIO.read( ) 메서드에서 읽은 객체는 SeqRecord로 for문으로 순환하지 않는다
는 점이다. 다음 예제는 1개의 레코드를 담고 있는 FASTA 파일을 SeqIO.read( )
메서드로 읽는 방법이 담긴 스크립트다.

```
#6.1.2.read_example_1.py

from Bio import SeqIO

seq = SeqIO.read("sample_1.fasta", "fasta")
print(type(seq))
print(seq)
```

[스크립트 6-3] SeqIO.read( ) 메서드로 1개의 레코드가 있는 FASTA 파일 읽기

```
<class 'Bio.SeqRecord.SeqRecord'>
ID: AF501235.1
Name: AF501235.1
Description: AF501235.1 Influenzavirus A (A/duck/Shanghai/1/2000) hemagglutinin gene,
complete cds
Number of features: 0
Seq('ATGGAGAAAATAGTGCTTCTTCTTGCAATAGTCAGTCTTGTTAAAAGTGATCAG...AGA', SingleLetterAlphabet())
```

[스크립트 6-3 실행 결과]

SeqIO.read( ) 메서드로 1개의 레코드가 담긴 FASTA 파일을 잘 읽었다. 그렇다면
6.1.1에서 보았던 SeqIO.parse( ) 메서드와 다른 점은 무엇일까? 그 차이점은 [스
크립트 6-4]를 보면 알 수 있다.

```
#6.1.2.read_example_2.py

from Bio import SeqIO
```

바이오파이썬으로 만나는 생물정보학

```
seq = SeqIO.read("sample_2.fasta", "fasta") # ValueError 발생
print(type(seq))
print(seq)
```

[스크립트 6-4] SeqIO.read( ) 메서드로 2개의 레코드가 있는 FASTA 파일 읽기

```
-----------------------------------------------------
ValueError  Traceback (most recent call last)
<ipython-input-8-ea821f64db20> in <module>()
      1 from Bio import SeqIO
----> 2 seq = SeqIO.read("sample_2.fasta", "fasta")
      3 print(type(seq))
      4 print(seq)

/home/user/anaconda3/lib/python3.6/site-packages/Bio/SeqIO/__init__.py in read(handle, format, alphabet)
    684            second = None
    685        if second is not None:
--> 686            raise ValueError("More than one record found in handle")
    687    return first
    688

ValueError: More than one record found in handle
```

[스크립트 6-4 실행 결과]

2개의 레코드가 담긴 FASTA 파일을 읽으려고 하니 ValueError가 발생하였다. SeqIO.parse( ) 메서드로 파일을 읽으면 레코드 개수만큼 SeqRecord 객체가 순환할 수 있는, 파이썬 표현으로 말하자면 iterable한 generator가 객체로 생성되었지만 SeqIO.read( ) 메서드로 파일을 읽으면 1개의 SeqRecord 객체가 만들어졌다. 그래서 여러 개의 레코드가 담긴 파일을 SeqIO.read( ) 메서드로 읽으면 오류가 발생하는 것이다.

6.2 SeqIO.parse( ) 메서드로 FASTQ 파일 읽기

● 6.2.1 SeqIO.parse( ) 메서드로 FASTQ 파일 읽기

SeqIO.parse( ) 메서드로 FASTQ 파일을 읽어보겠다. 일반적으로 FASTQ 파일은 1개의 레코드라기보다 여러 개의 리드들이 1개의 파일에 들어 있기 마련이다. 그러므로 SeqIO.read( ) 메서드로 읽으면 오류가 발생할 것이다.

예시로 사용하는 파일을 살펴보자.

sample_1.fastq

```
@SRR000982.5 E745RJU01DDHJ6 length=113
AAGGCACCATGCAGAGATGCAAGGCCCCTTTCTAAGCCCTAGACTTCTGGATGACACTTCTAGAAACACCCTGGGCCAGAAGTGAACCTGCTGCCTTGAAGGGAATAACTCAG
+
DDDDDDDDDDDDDDDDDDDFFDDBB::::@@DDDDDDDDDDFEDDAAAADDDDDDDDDDDDDDDA8666@DD@@866AAADDDDDDDDDDDDDDDDDDDDDDDDCCCAAAACDDDDDDD
@SRR000982.35 E745RJU01DLQBC length=53
ATCTCTACCCAAAGATTAATGGGGATTGGTGTGATATACGGCTGAATTGTACC
+
FFFFFFFFFFFFFFFFFFFIIIIIIIIIIIIIIIIIIIIIIIIIIIIIFFFFFFFF
```

SeqIO.parse( ) 메서드로 sample_1.fastq 파일을 읽어보자.

```
#6.2.1.read_example_1.py

from Bio import SeqIO

seq = SeqIO.parse("sample_1.fastq", "fastq")
print(type(seq))
for s in seq:
    print(type(s))
    print(s)
    print("") # 줄 구분을 위해 넣었다.
```

[스크립트 6-5] SeqIO.parse( ) 메서드로 FASTQ 파일 읽기

바이오파이썬으로 만나는 생물정보학

```
<class 'generator'>
<class 'Bio.SeqRecord.SeqRecord'>
ID: SRR000982.5
Name: SRR000982.5
Description: SRR000982.5 E745RJU01DDHJ6 length=113
Number of features: 0
Per letter annotation for: phred_quality
Seq('AAGGCACCATGCAGAGATGCAAGGCCCCTTTCTAAGCCCTAGACTTCTGGATGA...CAG', SingleLetterAlphabet())

<class 'Bio.SeqRecord.SeqRecord'>
ID: SRR000982.35
Name: SRR000982.35
Description: SRR000982.35 E745RJU01DLQBC length=53
Number of features: 0
Per letter annotation for: phred_quality
Seq('ATCTCTACCCAAAGATTAATGGGGATTGGTGTGATATACGGCTGAATTGTACC', SingleLetterAlphabet())
```

[스크립트 6-5 실행 결과]

FASTA 파일을 읽을 때와 다른 점은 파일 이름과 파일 종류에 fastq를 써준 것뿐이다. SeqIO.parse( ) 메서드를 활용하여 FASTQ 파일에서 서열 부분만 매우 간단히 가져올 수 있다.

```
#6.2.1.read_example_2.py

from Bio import SeqIO

seq = SeqIO.parse("sample_1.fastq", "fastq")
for s in seq:
    print(s.seq)
```

[스크립트 6-6] SeqIO.parse( ) 메서드로 FASTQ 파일 읽고 서열만 출력하기

```
AAGGCACCATGCAGAGATGCAAGGCCCCTTTCTAAGCCCTAGACTTCTGGATGACACTTCTAGAAACACCCTGGGCCAGAAGTGAACCTGCTGCCTTGAAGGGAATAACTCAG
ATCTCTACCCAAAGATTAATGGGGATTGGTGTGATATACGGCTGAATTGTACC
```

[스크립트 6-6 실행 결과]

간단히 FASTQ 파일을 파싱하여 서열 부분만 가져왔다.

● 6.2.2 SeqIO.parse( ) 메서드로 압축된 FASTQ 파일 읽기

6.2.1에서는 압축되지 않은 FASTQ 파일을 읽었지만 우리가 연구나 업무에서 다루게 되는 FASTQ 파일은 대부분 압축된 형태다. 압축 포맷은 GNU Zip이라고 불리는 gzip 파일 형태로 파이썬의 gzip 모듈을 사용하면 압축된 FASTQ 파일인 fastq.gz 파일을 읽을 수 있다.

예시를 만나기 전에 SeqIO.parse( ) 메서드에 들어가는 인자에 대해 다시 살펴보겠다. 앞의 SeqIO.parse( ) 메서드에는 인자 2개가 들어간다고 했다. 첫 번째는 파일 이름이고 두 번째는 파일 포맷 형식이다. 첫 번째 인자에 대해 좀 더 자세히 말하면 파일뿐만 아니라 파일을 연 파일 객체도 들어갈 수 있다. 예제를 살펴보면 무슨 말인지 확실히 알 수 있다.

```python
#6.2.2.read_example_1.py

import gzip
from Bio import SeqIO

handle = gzip.open("sample_1.fastq.gz","rt")
seq = SeqIO.parse(handle, "fastq")
for s in seq:
    print(s.seq)
```

[스크립트 6-7] SeqIO.parse( ) 메서드로 압축된 FASTQ 파일 읽고 서열만 출력하기

```python
#6.2.2.read_example_2.py

import gzip
from Bio import SeqIO
```

```
with gzip.open("sample_1.fastq.gz","rt") as handle:
    seq = SeqIO.parse(handle, "fastq")
    for s in seq:
        print(s.seq)
```

[스크립트 6-8] SeqIO.parse( ) 메서드로 압축된 FASTQ 파일 with gzip.open( )으로 읽고 서열만 출력하기

두 예제를 출력하면 [스크립트 6-7, 6-8 실행 결과]와 같은 결과를 얻을 수 있다.

```
AAGGCACCATGCAGAGATGCAAGGCCCCTTTCTAAGCCCTAGACTTCTGGATGACACTTCTAGAAACACCCTGGGCCAGAAGTGAACCTGCTGCCTTGAAGGGAATAACTCAG
ATCTCTACCCAAAGATTAATGGGGATTGGTGTGATATACGGCTGAATTGTACC
```

[스크립트 6-7, 6-8 실행 결과]

open( )이나 with open( )을 사용하여 파일을 연 객체를 SeqIO.parse( ) 메서드에 첫 번째 인자로 넣으면 잘 작동한다. 여기서는 gzip 파일을 열었기 때문에 gzip. open( )을 사용하였다.

6.3 GenBank 파일 읽기

SeqIO.parse( ) 또는 SeqIO.read( ) 메서드를 활용하여 GenBank 파일을 읽을 수 있다. 바이오파이썬에서 제공하는 두 메서드로 GenBank 파일에 들어 있는 여러 정보들을 매우 손쉽게 파싱해낼 수 있다. 다음에 소개하는 예시는 3장 생물정보학 파일 포맷 소개에서 만났던 메르스 바이러스에 대한 GenBank 파일이다.

```
#6.3.read_example_1.py

from Bio import SeqIO

gbk = SeqIO.read("KT225476.2.gbk","genbank")
```

```
print(type(gbk))
print(gbk)
```

[스크립트 6-9] SeqIO.read( ) 메서드로 GenBank 파일 읽기

```
<class 'Bio.SeqRecord.SeqRecord'>
ID: KT225476.2
Name: KT225476
Description: Middle East respiratory syndrome coronavirus isolate MERS-CoV/THA/CU/17_06_2015, complete
genome
Number of features: 12
/molecule_type=RNA
/topology=linear
/data_file_division=VRL
/date=22-AUG-2017
/accessions=['KT225476']
/sequence_version=2
/keywords=['']
/source=Middle East respiratory syndrome-related coronavirus (MERS-CoV)
/organism=Middle East respiratory syndrome-related coronavirus
/taxonomy=['Viruses', 'ssRNA viruses', 'ssRNA positive-strand viruses, no DNA stage', 'Nidovirales',
'Coronaviridae', 'Coronavirinae', 'Betacoronavirus']
/references=[Reference(title='Imported case of Middle East respiratory syndrome coronavirus (MERS-
CoV) infection from Oman to Thailand, June 2015', ...), Reference(title='Direct Submission', ...),
Reference(title='Direct Submission', ...)]
/comment=On Sep 10, 2015 this sequence version replaced KT225476.1.
/structured_comment=OrderedDict([('Assembly-Data', OrderedDict([('Sequencing Technology', 'Sanger dideoxy
sequencing')]))])
Seq('AGTGAATAGCTTGGCTATCTCACTTCCCCTCGTTCTCTTGCAGAACTTTGATTT...CTC', IUPACAmbiguousDNA())
```

[스크립트 6-9 실행 결과]

우리가 읽은 GenBank 파일은 메르스 바이러스만 있는 1개의 레코드 파일이 들어 있기 때문에 SeqIO.parse( ) 메서드가 아닌 SeqIO.read( ) 메서드로 읽어보았다. 많은 정보들이 출력되므로 몇 개 정보만 간추려 출력해보겠다.

```
#6.3.read_example_2.py

from Bio import SeqIO

gbk = SeqIO.read("KT225476.2.gbk","genbank")
print(gbk.id)
print(gbk.description)
print(gbk.annotations['molecule_type'])
print(gbk.annotations['organism'])
```

[스크립트 6-10] SeqIO.read( ) 메서드로 GenBank 파일 읽기

```
KT225476.2
Middle East respiratory syndrome coronavirus isolate MERS-CoV/THA/CU/17_06_2015, complete genome
RNA
Middle East respiratory syndrome-related coronavirus
```

[스크립트 6-10 실행 결과]

SeqIO의 두 메서드를 활용하여 GenBank에서 필요한 정보를 가져올 수 있다. [표 6-2]를 참조하여 내가 필요한 정보를 가져와보자.

속성 이름	설명	예시
id	GenBank 파일의 ID를 말한다. 버전 정보를 포함한다.	KT225476.2
seq	GenBank 파일의 서열을 말한다.	Seq('AGTGAATAGCTTGGCTATCTCACTTCCC CTCGTTCTCTTGCAGAACTTTGATTT...CTC', IUPACAmbiguousDNA( ))
name	GenBank 파일의 LOCUS를 말한다.	KT225476
description	GenBank 파일을 설명하는 내용이 들어간다.	Middle East respiratory syndrome coronavirus isolate MERS-CoV/THA/CU/17_06_2015, complete genome
dbxrefs	추가 데이터베이스의 내용이 들어간다.	[ ]

features	GenBank 파일의 각 REFERENCE 항목들이 들어간다.	location: [0:29809](+)
		qualifiers:
		   Key: collection_date, Value: ['17-Jun-2015']
		   Key: country, Value: ['Thailand']
		   Key: db_xref, Value: ['taxon:1335626']
		   Key: host, Value: ['Homo sapiens']
		   Key: isolate, Value: ['MERS-CoV/THA/CU/17_06_2015']
		   Key: isolation_source, Value: ['sputum']
		   Key: mol_type, Value: ['genomic RNA']
		   Key: organism, Value: ['Middle East respiratory syndrome-related coronavirus']

annotations	GenBank 파일의 각 정보들이 파이썬 사전형 형태로 들어간다.	{'molecule_type': 'RNA', 'topology': 'linear', 'data_file_division': 'VRL', 'date': '22-AUG-2017', 'accessions': ['KT225476'], 'sequence_version': 2, 'keywords': [' '], 'source': 'Middle East respiratory syndrome-related coronavirus (MERS-CoV)', 'organism': 'Middle East respiratory syndrome-related coronavirus', ... 후략
letter_annotations	GenBank 파일에 추가 정보를 더 넣기 위해 만든 속성으로 파이썬 사전형 형태로 들어간다.	{ }

[표 6-2] SeqRecord 객체의 속성

6.4 인터넷을 통한 파일 읽기: CCR5 유전자와 HIV 저항성

바이오파이썬의 Entrez 모듈을 활용하여 인터넷상의 데이터를 받아와 SeqIO 모듈로 읽는 방법에 대해 알아보자.

● 6.4.1 CCR5 유전자와 HIV 저항성

이번 예제에서는 실제 데이터인 CCR5 유전자에 대해 진행해보겠다. CCR5 유전자를 간략히 소개하자면 T세포나 대식세포와 같이 면역세포의 표면에서 발현하는 단백질이다. HIV(Human Immunodeficiency Virus)는 T세포의 CCR5 수용체를 통해 인체에 감염된다. 재미있는 점은 CCR5에 변이가 있는 경우, HIV가 감염되지 못한다는 점이다. CCR5 유전자는 총길이가 1,059bp이며 그 중 32bp가 deletion이 있는, 1,027bp의 길이를 가진 mutation gene은 HIV에 저항성이 있는 것으로 알려져 있다. 변이가 있는 CCR5 유전자의 데이터를 인터넷에서 읽어 서열과 정보들을 찾아보자.

● 6.4.2 Entrez 모듈

Entrez 모듈은 NCBI(National Center for Biotechnology Information) 정보를 웹을 통해 접근하여 정보를 가져오는 모듈이다. Entrez 모듈에 대해서는 "9장 NCBI 데이터베이스 접근"에서 더 자세히 다룰 것이다. 우리는 Entrez 모듈에서 가장 많이 사용하는 efetch 메서드를 사용하여 넷상 정보를 받아올 것이다. Entrez에는 작업자의 이메일이 의무적으로 들어간다. abc@hahaha.xyz와 같이 지어낸 임의 이메일이 아닌 본인의 이메일을 넣자.

Entrez.efetch( ) 메서드에 키워드 인자로 데이터베이스 이름(db), 데이터 형식(rettype), 아이디(id), 반환 형식(retmode)에 대해 써주어야 한다. 다음 예제는 변이가 없는 CCR5 유전자에 대해 GenBank 형식으로 받아오는 방법에 대한 것이다.

```
#6.4.2.entrez_example.py

from Bio import Entrez

Entrez.email = "your@email.com"  #
```

이메일 형식에 맞게 본인의 이메일을 사용해야 한다.

```
handle = Entrez.efetch(db="nucleotide", rettype="gb", id="AY463215", retmode="text")

for s in handle:
    print(s.strip())
```

[스크립트 6-11] Entrez.efetch( ) 메서드로 GenBank 내용을 NCBI에서 받아와 읽기

```
LOCUS  AY463215  1059 bp  DNA  linear  PRI 14-DEC-2004
DEFINITION  Homo sapiens CCR5 chemokine receptor (CCR5) gene, complete cds.
ACCESSION   AY463215
VERSION     AY463215.1
KEYWORDS    .
SOURCE      Homo sapiens (human)
ORGANISM  Homo sapiens
Eukaryota; Metazoa; Chordata; Craniata; Vertebrata; Euteleostomi;
Mammalia; Eutheria; Euarchontoglires; Primates; Haplorrhini;
Catarrhini; Hominidae; Homo.
REFERENCE   1  (bases 1 to 1059)
AUTHORS   Capoulade-Metay,C., Ma,L., Truong,L.X., Dudoit,Y., Versmisse,P.,
Nguyen,N.V., Nguyen,M., Scott-Algara,D., Barre-Sinoussi,F.,
Debre,P., Bismuth,G., Pancino,G. and Theodorou,I.
TITLE     New CCR5 variants associated with reduced HIV coreceptor function
in southeast Asia
JOURNAL   AIDS 18 (17), 2243-2252 (2004)
PUBMED    15577536
REFERENCE   2  (bases 1 to 1059)
AUTHORS   Capoulade-Metay,C., Ma,L., Truong,L.X., Dudoit,Y., Versmisse,P.,
Nguyen,N.V., Nguyen,M., Scott-Algara,D., Barre-Sinoussi,F.,
Debre,P., Pancino,G. and Theodorou,I.
TITLE     Direct Submission
JOURNAL   Submitted (07-NOV-2003) INSERM U543, 83 Boulevard de l'Hopital,
Paris 75013, France
FEATURES             Location/Qualifiers
source           1..1059
/organism="Homo sapiens"
/mol_type="genomic DNA"
/db_xref="taxon:9606"
/country="Viet Nam"
gene             <1..>1059
```

```
/gene="CCR5"
mRNA              <1..>1059
/gene="CCR5"
/product="CCR5 chemokine receptor"
CDS               1..1059
/gene="CCR5"
/note="contains I254T variation"
/codon_start=1
/product="CCR5 chemokine receptor"
/protein_id="AAS19314.1"
/translation="MDYQVSSPIYDINYYTSEPCQKINVKQIAARLLPPLYSLVFIFG
FVGNMLVILILINCKRLKSMTDIYLLNLAISDLFFLLTVPFWAHYAAAQWDFGNTMCQ
LLTGLYFIGFFSGIFFIILLTIDRYLAVVHAVFALKARTVTFGVVTSVITWVVAVFAS
LPGIIFTRSQKEGLHYTCSSHFPYSQYQFWKNFQTLKIVILGLVLPLLVMVICYSGIL
KTLLRCRNEKKRHRAVRLIFTIMIVYFLFWAPYNTVLLLNTFQEFFGLNNCSSSNRLD
QAMQVTETLGMTHCCINPIIYAFVGEKFRNYLLVFFQKHIAKRFCKCCSIFQQEAPER
ASSVYTRSTGEQEISVGL"
variation         758
/gene="CCR5"
/replace="t"
ORIGIN
   1 atggattatc aagtgtcaag tccaatctat gacatcaatt attatacatc ggagccctgc
  61 caaaaaatca atgtgaagca aatcgcagcc cgcctcctgc ctccgctcta ctcactggtg
 121 ttcatctttg gttttgtggg caacatgctg gtcatcctca tcctgataaa ctgcaaaagg
 181 ctgaagagca tgactgacat ctacctgctc aacctggcca tctctgacct gtttttcctt
 241 cttactgtcc ccttctgggc tcactatgct gccgcccagt gggactttgg aaatacaatg
 301 tgtcaactct tgacaggct ctattttata ggcttcttct ctggaatctt cttcatcatc
 361 ctcctgacaa tcgataggta cctggctgtc gtccatgctg tgtttgcttt aaaagccagg
 421 acggtcacct ttggggtggt gacaagtgtg atcacttggg tggtggctgt gtttgcgtct
 481 ctcccaggaa tcatctttac cagatctcaa aaagaaggtc ttcattacac ctgcagctct
 541 cattttccat acagtcagta tcaattctgg aagaatttcc agacattaaa gatagtcatc
 601 ttggggctgg tcctgccgct gcttgtcatg gtcatctgct actcgggaat cctaaaaact
 661 ctgcttcggt gtcgaaatga gaagaagagg cacagggctg tgaggcttat cttcaccatc
 721 atgattgttt attttctctt ctgggctccc tacaacactg tccttctcct gaacaccttc
 781 caggaattct ttggcctgaa taattgcagt agctctaaca ggttggacca agctatgcag
 841 gtgacagaga ctcttgggat gacgcactgc tgcatcaacc ccatcatcta tgcctttgtc
 901 ggggagaagt tcagaaacta cctcttagtc ttcttccaaa agcacattgc caaacgcttc
 961 tgcaaatgct gttctatttt ccagcaagag gctcccgagc gagcaagctc agtttacacc
1021 cgatccactg gggagcagga aatatctgtg ggcttgtga
//
```

[스크립트 6-11 실행 결과]

컴퓨터에 있는 파일이 아닌 NCBI에 있는 데이터를 바이오파이썬의 Entrez 모듈을 사용하여 가져왔다. 가져온 정보를 단순히 출력하였지만 SeqIO 모듈을 활용하여 파싱하면 각종 정보를 가져올 수 있다.

● 6.4.3 Entrez 모듈로 CCR5 유전자 정보 읽기

먼저 변이가 없는 CCR5 유전자를 Entrez 모듈로 정보를 받아와 서열과 그 길이를 계산해보자.

```
#6.4.3.read_example_GenBank_1.py

from Bio import Entrez
from Bio import SeqIO

Entrez.email = "your@email.com" #
이메일 형식에 맞게 본인의 이메일을 사용해야 한다.

with Entrez.efetch(db="nucleotide", rettype="fasta", retmode="text", id="42540826") as handle:
    seq = SeqIO.read(handle, "fasta")

print(seq)
print(len(seq))
```

[스크립트 6-12] Entrez.efetch( ) 메서드로 FASTA를 NCBI에서 받아와 읽기

```
ID: AY463215.1
Name: AY463215.1
Description: AY463215.1 Homo sapiens CCR5 chemokine receptor (CCR5) gene, complete cds
Number of features: 0
Seq('ATGGATTATCAAGTGTCAAGTCCAATCTATGACATCAATTATTATACATCGGAG...TGA', SingleLetterAlphabet())
1059
```

[스크립트 6-12 실행 결과]

사전 지식으로 알고 있던 1,059bp 길이를 얻었다. 이번에는 변이가 있는 CCR5 유

전자에 대해 알아보겠다.

```
#6.4.3.read_example_GenBank_2.py

from Bio import Entrez
from Bio import SeqIO

Entrez.email = "your@email.com" #
이메일 형식에 맞게 본인의 이메일을 사용해야 한다.

with Entrez.efetch(db="nucleotide", rettype="fasta", retmode="text", id="1575550") as handle:
    seq = SeqIO.read(handle, "fasta")

print(seq)
print(len(seq))
```

[스크립트 6-13] Entrez.efetch( ) 메서드로 FASTA를 NCBI에서 받아와 읽기

```
ID: U66285.1
Name: U66285.1
Description: U66285.1 Human CC chemokine receptor CCR5 gene, mutant allele, complete cds
Number of features: 0
Seq('ATGGATTATCAAGTGTCAAGTCCAATCTATGACATCAATTATTATACATCGGAG...TGA', SingleLetterAlphabet())
1027
```

[스크립트 6-13 실행 결과]

6.5 정리

이번 장에서는 SeqIO 모듈로 Sequence 파일을 읽는 2가지 방법에 대해 학습하였다. SeqIO.parse( ) 메서드와 SeqIO.read( ) 메서드는 모두 Sequence 파일을 읽을 수 있으며 SeqIO.parse( ) 메서드는 파일 내부에 있는 복수 레코드를 읽을 수 있는 반면, SeqIO.read( ) 메서드는 파일 내부에 있는 단일 레코드를 읽을 수 있다. 또한 인터넷 환경을 통해 로컬 파일이 아닌 웹상 데이터를 읽는 Entrez 모듈에 대해서

도 학습하였다.

6.6 연습문제

문항 1. 제공한 파일인 HM624086.1.gbk는 어떠한 바이러스에 대한 GenBank 파일이다. 파일을 읽어 다음 질문에 답해보자.

- 제공한 GenBank 파일의 바이러스는 어떤 종(organism)인가?
- 제공한 GenBank 파일의 annotation 속성에서 taxonomy를 출력해보자.
- 바이러스 서열의 길이를 출력해보자.

문항 2. 독자 여러분이 관심 있는 종의 GenBank 파일을 바이오파이썬 Entrez 모듈을 사용하여 파싱하고 그 결과를 출력해보자. (답안 없음)

답안 1.
생물 종: Influenza A virus
taxonomy: ['Viruses', 'ssRNA viruses', 'ssRNA negative-strand viruses', 'Orthomyxoviridae', 'Influenzavirus A']
유전체 길이: 1,701 bp

인간과 다른 동물은 얼마나 다를까?
종 간 차이점의 비밀:
Multiple Sequence Alignment

이번 장에서는 다중 서열 정렬(Multiple Sequence Alignment)에 대해 학습해보 겠다. 우리는 새로운 객체인 MultipleSeqAlignment라는 객체를 만날 것이다. 이 객체는 각 행들이 SeqRecord 객체로 된, 행렬과 같은 객체다. 또한 sequence alignment 결과 파일을 읽고 파싱하고 서열 중간을 슬라이싱하는 방법에 대해 알 아본 후, 직접 서열들을 가지고 정렬을 진행해볼 것이다. 마지막으로 보존 서열을 알 수 있는 WebLogo를 그리고 종 간 유사도를 알아볼 수 있는 계통수를 그려볼 것이다.

7.1 Multiple Sequence Alignment 준비 과정

Multiple Sequence Alignment를 하기 위한 3가지 단계에 대해 알아보자.

첫째, 비교할 여러 서열이 필요하다. 이번 장에서는 체내 산소를 운반하는 중요한

단백질인 헤모글로빈의 사합체(tetramer) 중 하나인 HBA 단백질에 대해 알아볼
것이다. 인간뿐만 아니라 다른 동물의 HBA 서열을 단백질 데이터베이스로 유명
한 www.uniprot.org에서 받아올 것이다.

둘째, Multiple Sequence Alignment 과정을 진행한다. Multiple Sequence
Alignment를 수행하는 여러 가지 툴이 있으며 우리 교재에서는 매우 빠르고 성능
도 우수한 MUSCLE 툴을 사용하겠다.

마지막으로 Multiple Sequence Alignment의 시각화 과정이다. Multiple Sequence
Alignment 결과 파일로부터 WebLogo와 계통수를 그려볼 것이다.

7종의 HBA 단백질 서열을 포함한 FASTA 파일로부터 다음 [그림 7-1]과 [그림
7-2]와 같은 결과 이미지를 만드는 것이 이번 단원의 목표다.

[그림 7-1] WebLogo 분석 결과

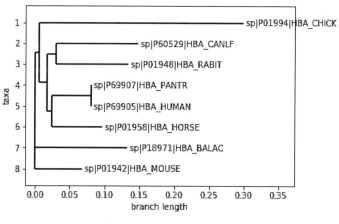

[그림 7-2] 계통수 분석 결과

Multiple Sequence Alignment 파일 읽기

Multiple Sequence Alignment 파일을 읽기 위해 바이오파이썬의 AlignIO 모듈을 사용할 것이다. 파이썬에서 AlignIO 모듈은 다음과 같이 불러올 수 있다.

```
>>> from Bio import AlignIO
```

AlignIO.read( ) 메서드로 Multiple Sequence Alignment 파일을 읽을 수 있다. AlignIO.read( ) 메서드에는 첫 번째 인자로 파일이나 파일을 연 객체를 넣고 두 번째 인자로 파일 종류를 넣어준다. 바이오파이썬에서는 ClustalW나 ClustalX의 결과물인 clustal 파일, EMBOSS의 emboss 파일, PFAM의 stockholm 등의 파일들을 읽을 수 있다.

예시로 주어진 example.aln 파일은 clustal 파일로 AlignIO.read( ) 메서드로 읽어보겠다.

```
#7.2.read_MSA_example.py

from Bio import AlignIO

alignment = AlignIO.read("example.aln","clustal")
print(alignment)
```

[스크립트 7-1] AlignIO.read( ) 메서드로 Multiple Sequence Alignment 파일 읽기

```
SingleLetterAlphabet() alignment with 3 rows and 142 columns
MVLSPADKTNVKAAWGKVGAHAGEYGAEALERMFLSFPTTKTYF...KYR sp|P69905|HBA_HUMAN
MVLSPADKTNVKAAWGKVGAHAGEYGAEALERMFLSFPTTKTYF...KYR sp|P69907|HBA_PANTR
MVLSGEDKSNIKAAWGKIGGHGAEYGAEALERMFASFPTTKTYF...KYR sp|P01942|HBA_MOUSE
```

[스크립트 7-1 실행 결과]

7.3 Alignment 다루기

Alignment 다루기에서 Alignment 객체를 문자 슬라이싱하듯 서열을 나누는 방법에 대해 학습하겠다. 그리고 MultipleSeqAlignment 객체에서 서열 부분과 ID 부분을 분리하는 방법은 어떻게 할까? 7.2에서 읽은 example.aln 파일을 가지고 이어서 진행하겠다.

```
#7.3.read_MSA_example_1.py
from Bio import AlignIO

alignment = AlignIO.read("example.aln","clustal")
for record in alignment:
    print("%s - %s" % (record.seq, record.id))
```

[스크립트 7-2] MultipleSequenceAlignment 객체에서 서열과 ID 부분 분리하기

```
MVLSPADKTNVKAAWGKVGAHAGEYGAEALERMFLSFPTTKTYFPHFDLSHGSAQVKGHGKKVADALTNAVAHVDDMPNALSALSDLHAHKLRVDPVNFKLLSHCLLVTLAAHLPAEFTPAVHASLD
KFLASVSTVLTSKYR - sp|P69905|HBA_HUMAN
MVLSPADKTNVKAAWGKVGAHAGEYGAEALERMFLSFPTTKTYFPHFDLSHGSAQVKGHGKKVADALTNAVAHVDDMPNALSALSDLHAHKLRVDPVNFKLLSHCLLVTLAAHLPAEFTPAVHASLD
KFLASVSTVLTSKYR - sp|P69907|HBA_PANTR
MVLSGEDKSNIKAAWGKIGGHGAEYGAEALERMFASFPTTKTYFPHFDVSHGSAQVKGHGKKVADALASAAGHLDDLPGALSALSDLHAHKLRVDPVNFKLLSHCLLVTLASHHPADFTPAVHASLD
KFLASVSTVLTSKYR - sp|P01942|HBA_MOUSE
```

[스크립트 7–2 실행 결과]

AlignIO.read( ) 메서드로 읽은 alignment에는 행렬과 같이 SeqRecord 객체가 각 행에 들어 있다. SeqRecord 객체에서 seq과 id 속성을 가져오면 각 서열과 id를 가 져올 수 있다. SeqRecord 객체의 seq 속성은 서열을 담고 있는데 문자열과 같이 슬 라이싱이 가능하다. 각 SeqRecord 객체의 서열에서 앞 10개 서열을 가져와보자.

```python
#7.3.read_MSA_example_2.py

from Bio import AlignIO

alignment = AlignIO.read("example.aln","clustal")
for record in alignment:
    print("%s - %s" % (record.seq[:10], record.id))
```

[스크립트 7–3] MultipleSequenceAlignment 객체의 서열에서 앞 10개 서열 가져오기

```
MVLSPADKTN - sp|P69905|HBA_HUMAN
MVLSPADKTN - sp|P69907|HBA_PANTR
MVLSGEDKSN - sp|P01942|HBA_MOUSE
```

[스크립트 7–3 실행 결과]

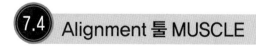

7.4 Alignment 툴 MUSCLE

HBA 단백질에 대한 7개 종이 들어 있는 FASTA 파일에서부터 Multiple Sequence

Alignment 객체를 만들어보자. Multiple Sequence Alignment를 수행하는 툴 중 유명한 MUSCLE 툴을 사용할 것이다.

● 7.4.1 MUSCLE 설치

Multiple Sequence Alignment를 하기 위해 MUSCLE 툴을 설치할 것이다. 다음 주소에 들어가 사용하고 있는 운영체제에 맞는 설치 파일을 다운로드하자.
http://drive5.com/muscle/downloads.htm

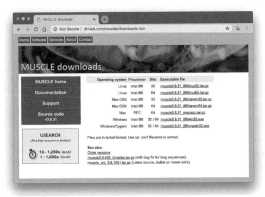

[그림 7-3] MUSCLE 다운로드 페이지

● 7.4.2 MUSCLE의 단독 실행

다운로드한 파일을 리눅스의 경우, tar.gz 압축을 풀고 생성되는 파일을 실행하고 윈도우의 경우, exe 파일을 콘솔 환경에서 실행하면 된다.

운영체제	실행 방법
Windows	muscle3.8.31_i86win32.exe -in in.fasta -out out.aln
Linux	muscle3.8.31_i86linux32 -in in.fasta -out out.aln
Mac	muscle3.8.31_i86darwin64-in in.fasta -out out.aln

[표 7-1] 운영체제별 MUSCLE 실행 방법

참고로 결과 파일을 clustal 포맷으로 생성하고 싶다면 –clw를 옵션으로 써주면
된다.

● 7.4.3 바이오파이썬을 통한 MUSCLE 실행

MUSCLE을 콘솔 환경에서 단독 실행할 수도 있지만 바이오파이썬을 통해 실행할
수도 있다. 주의할 점은 MUSCLE이 다운로드되어 있어야 하며 바이오파이썬에게
MUSCLE의 실행 파일 경로를 알려주는 것이다.

```python
#7.4.3.muscle_cmd_example.py

from Bio.Align.Applications import MuscleCommandline

muscle_exe = "/home/user/etc/muscle/muscle3.8.31_i86linux32"  #
MUSCLE의 실행 경로를 알려준다. MUSCLE 프로그램의 경로는 독자 여러분의 경
로에 따라 다르므로 자신의 환경에 맞게 설정하자.
cmd_line = MuscleCommandline(muscle_exe, input="HBA.all.fasta",
out="HBA.aln", clw=" ") # clw 옵션을 주기 위해 clw=""를 넣었다.

print(cmd_line)

stdout, stderr = cmd_line()
```

[스크립트 7-4] MultipleSequenceAlignment 객체의 서열에서 앞 10개 서열 가져오기

7.4.3.muscle_cmd_example.py 파일을 실행해보자. cmd_line의 출력 결과, [스크
립트 7-4 실행 결과]와 같은 텍스트가 출력되었다.

```
/home/user/etc/muscle/muscle3.8.31_i86linux32 -in HBA.all.fasta
-out HBA.aln -clw
```

[스크립트 7-4 실행 결과]

그리고 MUSCLE이 실행되는데 결과 파일이 생성된 것을 확인해보면 clustal 포맷

파일의 결과로 HBA.aln 파일이 나온 것을 확인할 수 있다. 다음은 HBA.aln 파일을 텍스트 편집기로 열어보았을 때 나오는 결과다. 7개 종에 대한 서열들이 배열된 것을 확인할 수 있다.

```
MUSCLE (3.8) multiple sequence alignment


sp|P01994|HBA_CHICK    MVLSAADKNNVKGIFTKIAGHAEEYGAETLERMFTTYPPTKTYFPHFDLSHGSAQIKGHG
sp|P18971|HBA_BALAC    MVLSPTDKSNVKATWAKIGNHGAEYGAEALERMFMNFPSTKTYFPHFDLGHDSAQVKGHG
sp|P01948|HBA_RABIT    MVLSPADKTNIKTAWEKIGSHGGEYGAEAVRMFLGFPTTKTYFPHFDFTHGSEQIKAHG
sp|P01942|HBA_MOUSE    MVLSGEDKSNIKAAWGKIGGHGAEYGAEALERMFASFPTTKTYFPHFDVSHGSAQVKGHG
sp|P69907|HBA_PANTR    MVLSPADKTNVKAAWGKVGAHAGEYGAEALERMFLSFPTTKTYFPHFDLSHGSAQVKGHG
sp|P69905|HBA_HUMAN    MVLSPADKTNVKAAWGKVGAHAGEYGAEALERMFLSFPTTKTYFPHFDLSHGSAQVKGHG
sp|P01958|HBA_HORSE    MVLSAADKTNVKAAWSKVGGHAGEYGAEALERMFLGFPTTKTYFPHFDLSHGSAQVKAHG
                       ****  **.*.*  : *:. *. *****..****  .*.********* . * *.*.**


sp|P01994|HBA_CHICK    KKVVAALIEAANHIDDIAGTLSKLSDLHAHKLRVDPVNFKLLGQCFLVVAIHHPAALTP
sp|P18971|HBA_BALAC    KKVADALTKAVGHMDNLLDALSDLSDLHAHKLRVDPANFKLLSHCLLVTLALHLPAEFTP
sp|P01948|HBA_RABIT    KKVSEALTKAVGHLDDLPGALSTLSDLHAHKLRVDPVNFKLLSHCLLVTLANHHPSEFTP
sp|P01942|HBA_MOUSE    KKVADALASAAGHLDDLPGALSALSDLHAHKLRVDPVNFKLLSHCLLVTLASHHPADFTP
sp|P69907|HBA_PANTR    KKVADALTNAVAHVDDMPNALSALSDLHAHKLRVDPVNFKLLSHCLLVTLAAHLPAEFTP
sp|P69905|HBA_HUMAN    KKVADALTNAVAHVDDMPNALSALSDLHAHKLRVDPVNFKLLSHCLLVTLAAHLPAEFTP
sp|P01958|HBA_HORSE    KKVGDALTLAVGHLDDLPGALSNLSDLHAHKLRVDPVNFKLLSHCLLSTLAVHLPNDFTP
                       ***  **  *. *.*:..  .:** *************.*****.*:* .: * *  :**


sp|P01994|HBA_CHICK    EVHASLDKFLCAVGTVLTAKYR
sp|P18971|HBA_BALAC    SVHASLDKFLASVSTVLTSKYR
sp|P01948|HBA_RABIT    AVHASLDKFLANVSTVLTSKYR
sp|P01942|HBA_MOUSE    AVHASLDKFLASVSTVLTSKYR
sp|P69907|HBA_PANTR    AVHASLDKFLASVSTVLTSKYR
sp|P69905|HBA_HUMAN    AVHASLDKFLASVSTVLTSKYR
sp|P01958|HBA_HORSE    AVHASLDKFLSSVSTVLTSKYR
                        ********* . *.****.***
```

[스크립트 7-4 실행 결과 파일]

바이오파이썬으로 만나는 생물정보학

WebLogo로 보존 서열 알아보기

● 7.5.1 WebLogo 소개

서열을 정렬하였으니 시각화를 해볼 차례다. 시각화에는 여러 가지 방법들이 있는데 우리 교재에서는 WebLogo를 만들어보겠다. WebLogo는 Multiple Sequence Alignment에서 각 행 서열의 공통 부분 비율만큼 시각화해 그려준다. 우선 간단한 예시로 시작해보자. 예시 파일인 7.5.1.example.fasta 파일을 살펴보자.

example.fasta

```
>sample1
TACAA
>sample2
TACGC
>sample3
TACAC
>sample4
TACCC
>sample5
AACCC
>sample6
AATGC
>sample7
AATGC
```

7.5.1.example.fasta 파일은 5개 염기로 이루어진 FASTA 파일로 총 7개 샘플이 1개의 FASTA 파일에 들어 있다. 각 샘플의 첫 번째 문자는 T가 4개, A가 3개이며 두 번째 문자는 모두 A다. 이런 식으로 각 문자열이 몇 개인지 세어보면 다음과 같다.

```
          0      1      2      3      4
A:     3.00   7.00   0.00   2.00   1.00
C:     0.00   0.00   5.00   2.00   6.00
G:     0.00   0.00   0.00   3.00   0.00
T:     4.00   0.00   2.00   0.00   0.00
```

이것을 시각화해 그려보면 [그림 7-4]와 같다.

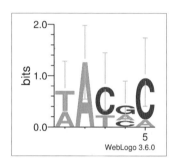

[그림 7-4] WebLogo 예시

그림으로 보니 염기 구성이 더 확실히 눈에 잘 들어온다. WebLogo는 WebLogo 홈페이지에서 그릴 수 있으며 주소는 다음과 같다.

http://weblogo.threeplusone.com

[그림 7-5] WebLogo 홈페이지

● 7.5.2 바이오파이썬으로 WebLogo 그리기

바이오파이썬으로 WebLogo를 그려보자. 우선 7.5.1.example.fasta에서 보았던 간단한 서열부터 시작하자. 바이오파이썬의 motifs 모듈의 motifs.create( ) 메서드를 이용하여 Motif 객체를 만들 것이다. 그 다음 Motif.weblogo( ) 메서드로 WebLogo를 그릴 것이다. 파이썬 스크립트로 WebLogo를 그려보자.

```python
#7.5.2.WebLogo_example_1.py

from Bio.motifs import Motif
from Bio import motifs
from Bio.Seq import Seq

instances = [Seq("TACAA"),
             Seq("TACGC"),
             Seq("TACAC"),
             Seq("TACCC"),
             Seq("AACCC"),
             Seq("AATGC"),
             Seq("AATGC"),
             ]

m = motifs.create(instances)

print(m.counts)
Motif.weblogo(m,'test.png')

## Jupyter Notebook을 사용한다면 다음 두 줄로 노트북 내에서 그림 파일을
확인할 수 있다.
## from IPython.display import Image
## Image("test.png")
```

[스크립트 7–5] FASTA 파일로 WebLogo 그리기

```
        0      1      2      3      4
A:   3.00   7.00   0.00   2.00   1.00
```

```
C:   0.00    0.00    5.00    2.00    6.00
G:   0.00    0.00    0.00    3.00    0.00
T:   4.00    0.00    2.00    0.00    0.00
```

[스크립트 7-5 실행 결과]

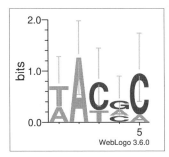

[그림 7-6] 바이오파이썬으로 그린 WebLogo

이번에는 7.4.3의 Multiple Sequence Alignment 결과 파일로부터 WebLogo를 그려보자. AlignIO.read( ) 메서드로 Multiple Sequence Alignment 파일을 읽고 서열 부분만 꺼내 리스트에 넣은 후 Motif 객체를 만든다. Motif 객체로부터 Motif. weblogo( ) 메서드로 WebLogo를 생성한다. 다음 파이썬 스크립트를 통해 확인해보자.

```python
#7.5.2.WebLogo_example_2.py

from Bio import AlignIO
from Bio.motifs import Motif
from Bio import motifs
from Bio.Seq import Seq
from Bio.Alphabet import IUPAC

alignment = AlignIO.read("HBA.aln","clustal")
instance = []
for record in alignment:
    s = Seq(str(record.seq), IUPAC.protein)
    instance.append(s)
m = motifs.create(instance)
```

바이오파이썬으로 만나는 생물정보학

```
Motif.weblogo(m,'HBA_WebLogo.png')

## Jupyter Notebook을 사용한다면 다음 두 줄로 노트북 내에서 그림 파일을
확인할 수 있다.
## from IPython.display import Image
## Image("HBA_WebLogo.png")
```

[스크립트 7-6] FASTA 파일로 WebLogo 그리기

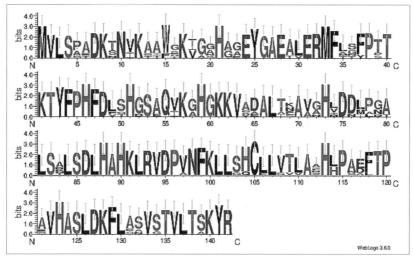

[그림 7-7] WebLogo 분석 결과

7.6 계통수 그려보기

Multiple Sequence Alignment의 시각화 방법 중 다른 하나는 계통수(Phylogenetic tree)를 그려보는 것이다. 계통수란 생물 종 간 유전적 유사도를 가지고 멀고 가까움을 그림으로 표현한 것을 말한다. 생물정보학적으로 계통수를 표현하는 파일 종류는 다양하며 newick 포맷을 가지고 계통수를 그려볼 것이다. 우리가 가지고 있는 결과 파일은 7.4.3에서 MUSCLE로 진행한 clustal 포맷 파일이며 이것의 newick 포맷 변환은 미리 준비된 HBA.newick 파일로 갈음하겠다. 만약 Multiple

Sequence Alignment 파일에서 newick 파일을 만들고 싶다면 다음 페이지를 방문해보자.

http://www.ebi.ac.uk/Tools/services/web_clustalw2_phylogeny/toolform.ebi

[그림 7-8] EMBL-EBI에서 제공하는 phylogenetic tree 포맷 생성 페이지

계통수를 그리기 위해 바이오파이썬의 Phylo 모듈을 불러오자. 그 다음 Phylo.read( ) 메서드로 파일을 읽고 Phylo.draw( ) 메서드를 실행하면 계통수 그림이 나온다.

```
#7.6.phylo_example.py

from Bio import Phylo

tree = Phylo.read('HBA.newick', 'newick')
print(tree)

Phylo.draw(tree)
```

[스크립트 7-7] FASTA 파일로 WebLogo 그리기

```
Tree(rooted=False, weight=1.0)
    Clade()
        Clade(branch_length=0.00537)
            Clade(branch_length=0.29387, name='sp|P01994|HBA_CHICK')
            Clade(branch_length=0.01203)
                Clade(branch_length=0.01282)
                    Clade(branch_length=0.1181, name='sp|P60529|HBA_CANLF')
                    Clade(branch_length=0.10357, name='sp|P01948|HBA_RABIT')
                Clade(branch_length=0.00617)
                    Clade(branch_length=0.05673)
                        Clade(branch_length=0.0, name='sp|P69907|HBA_PANTR')
                        Clade(branch_length=0.0, name='sp|P69905|HBA_HUMAN')
                    Clade(branch_length=0.07405, name='sp|P01958|HBA_HORSE')
            Clade(branch_length=0.13313, name='sp|P18971|HBA_BALAC')
        Clade(branch_length=0.06808, name='sp|P01942|HBA_MOUSE')
```

[스크립트 7-7 실행 결과]

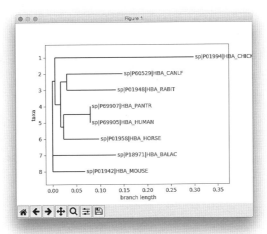

[그림 7-9] 계통수 분석 결과

7장. 인간과 다른 동물은 얼마나 다를까? 종 간 차이점의 비밀: Multiple Sequence Alignment

7.7 정리

이번 장에서는 여러 서열들을 비교할 수 있는 Multiple Sequence Alignment에 대해 학습하였다. Alignment를 해주는 여러 툴 중 MUSCLE 툴을 사용하였고 바이오파이썬을 통해 MUSCLE을 실행하였다. 또한 Multiple Sequence Alignment 결과 파일을 가지고 WebLogo와 계통수를 그려 시각화를 진행해보았다.

7.8 연습문제

문항 1. 독자 여러분이 좋아하는 단백질 서열을 생각하여 이번 장에서 배운 순서 대로 서열을 다운로드한 후, Alignment 툴을 사용하여 Multiple Sequence Alignment를 진행하고 WebLogo 및 계통수를 그리는 시각화까지 진행해 보자. (답안 없음)

## 8장

원인 불명의 환자에서 나온 미지의 종 찾기: BLAST

이번 장에서는 바이오파이썬으로 BLAST하는 방법에 대해 학습해보겠다. BLAST 는 "Basic Local Alignment Search Tool"의 줄임말로 DNA, RNA 또는 아미노산 서열을 입력하면 데이터베이스에서 유사한 것을 찾아주는 알고리즘이다. 우선 웹 에서 BLAST를 사용하는 방법에 대해 알아보고 바이오파이썬의 NCBIWWW 모듈 을 활용하여 BLAST를 수행해보겠다.

8.1 미지의 종 발견

다음 내용은 가상의 이야기다. 가벼운 마음으로 읽어보자.

> 연구의 대가인 A 교수 연구팀은 유전성 질환을 앓고 있는 환자의 질병 원인을 파 악하기 위해 유전체 서열을 분석, 연구하기로 했다. 환자의 입 안쪽 뺨에서 구강 면봉 키트로 긁어내 DNA를 채취하여 시퀀싱 업체에 맡겼다. 시퀀싱 업체는 DNA

시퀀싱을 진행하여 raw data인 FASTQ 파일을 A 교수 연구팀에게 전달해주었다. 이제 A 교수 연구팀은 환자의 유전체에서 변이를 찾아내기 위해 유전체 분석을 위한 일련의 분석 파이프라인을 통해 FASTQ 파일을 인간 유전체에 정렬시키고 변이를 찾아낸 후, 데이터베이스와 비교해 어떤 변이들이 있는지 파악할 것이다. 그런데 환자의 유전체에서 인간 유전체에 정렬되지 않는 서열들이 발견되었다. 인간 유전체를 채취하였는데 인간 유전체에 정렬되지 않는 서열들은 과연 무엇일까?

A 교수 연구팀의 사연처럼 시퀀싱 결과를 인간 유전체에 정렬시켜도 붙지 않는 서열들이 있다. 즉, 인간 유전체 서열이 아닌 염기서열들이 있다는 것이다. 이렇게 붙지 않은 서열들이 무엇인지 알기 위해 이 서열들을 BLAST에 넣어 어떤 종에서 유래한 것인지 알 수 있다.

8.2 웹브라우저에서 NCBI BLAST 실행

BLAST를 실행하는 가장 간단한 방법으로 웹브라우저에서 BLAST 사이트로 접속하고 원하는 서열을 입력하여 결과를 보는 것이다. NCBI에서 제공하는 BLAST 웹사이트에 접속해보자.

https://blast.ncbi.nlm.nih.gov/Blast.cgi

해당 주소에 접속하면 [그림 8-1]과 같은 사이트가 뜬다.

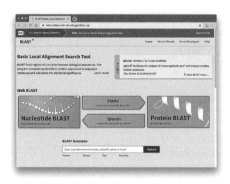

[그림 8-1] NCBI에서 제공하는 웹 버전의 BLAST

왼쪽 가운데 Web BLAST라고 쓰인 글씨 아래에 있는 Nucleotide BLAST라는 그림을 눌러보자. 그럼 [그림 8-2]와 같은 사이트가 뜬다.

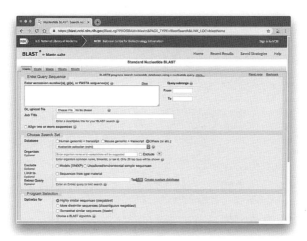

[그림 8-2] BLAST 사이트

Enter accession number(s), gi(s), or FASTA sequence(s) 공간에 실습에 사용할 FASTA 파일 내용을 붙여 넣어보자. 제공된 buccal_swab.unmapped1.fasta 파일과 buccal_swab.unmapped2.fasta 파일을 참조하자.

buccal_swab.unmapped1.fasta 파일

```
>buccal_swab.unmapped1
CTTTTGTTAATCGATGATATACAGTCACTCAGCGGAAAAAAAGTCGCAACTCAGGAAGAA
TTTTTCAATACCTTTAACGCCCTTCATG
```

buccal_swab.unmapped2.fasta 파일

```
>buccal_swab.unmapped2
CCAGCCCCCCAGCCTCCCGATCACGGTTTACTACGCCGTGTTGGAGCGCGCCTGCCGCAG
CGTGCTCCTAAACGCACCGTCGGAGGCCCCCCAGATTGTCCGC
```

buccal_swab.unmapped1.fasta 파일 내용을 그대로 복사하여 텍스트 박스 안에 붙여넣고 BLAST 버튼을 눌러보자. buccal_swab.unmapped2.fasta 파일은 여러분의 실습을 위해 남겨두겠다.

[그림 8-3] BLAST 서열을 넣고 BLAST 버튼을 누르자.

BLAST 버튼을 누르고 잠시 기다리면 다음 [그림 8-4]와 같은 결과 페이지가 뜬다.

[그림 8-4] BLAST 결과 페이지

Descriptions 부분의 표에서 맨 상위에 있는 링크를 누르면 [그림 8-5]와 같은 화면으로 이동된다.

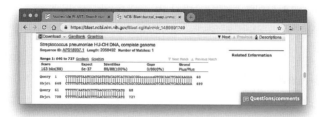

[그림 8-5] BLAST 결과 서열

인간 유전체에 붙지 않았던 미지의 종은 "Streptococcus pneumonia"(폐렴연쇄상구균) 종이다. 페이지에서 Sequence ID 옆의 링크 모양의 파란색 글씨와 밑줄 그어진 AP018937.1 링크를 누르면 해당 종의 GenBank 페이지로 이동한다.

[그림 8-6] AP018937.1의 GenBank 페이지

8.3 바이오파이썬으로 BLAST 실행

8.2의 웹 버전 BLAST를 사용해보면서 BLAST가 어떤 기능을 하고 얼마나 강력한지 알게 되었을 것이다. 이번에는 바이오파이썬의 NCBIWWW 모듈을 활용하여 BLAST를 실행해보자. 8.2에서 진행했던 파일과 동일한 파일인 buccal_swab.unmapped1.fasta로 진행하자.

바이오파이썬의 NCBIWWW 모듈에서 qblast( ) 메서드를 사용할 것이다. qblast( ) 메서드에는 3가지 인자가 들어간다. 첫 번째 인자로 BLAST 프로그램명이 들어간다. 현재 qblast( ) 메서드는 blastn, blast, blast, tblast, tblastx를 지원한다. 두 번째 인자로 BLAST 데이터베이스가 들어간다. 마지막 세 번째 인자로 BLAST를 수행할 서열이 들어간다. 서열 자체나 또는 FASTA 파일이 들어갈 수도 있다.

NCBIWWW.qblast( ) 메서드를 실행하여 BLAST를 진행하는 과정은 크게 2가지다. 첫 번째는 서열을 넣어 BLAST를 실행하는 과정이다. 두 번째는 BLAST해 나온 결과를 파싱하는 과정이다.

● 8.3.1 NCBIWWW.qblast( ) 실행

NCBIWWW.qblast( ) 메서드를 실행해보자. 반드시 인터넷이 연결된 상태여야 한다.

```
#8.3.1.blast_example_1.py

from Bio.Blast import NCBIWWW
from Bio import SeqIO

record = SeqIO.read("buccal_swab.unmapped1.fasta", format="fasta")
handle = NCBIWWW.qblast("blastn","nt",record.format("fasta"))
```

```
result = handle.readlines()
for s in result:
    print(s)
```

[스크립트 8-1] NCBIWWW.qblast( ) 실행

```
<?xml version="1.0"?>
<!DOCTYPE BlastOutput PUBLIC "-//NCBI//NCBI BlastOutput/EN" "http://www.ncbi.nlm.nih.gov/dtd/NCBI_BlastOutput.dtd">
<BlastOutput>
  <BlastOutput_program>blastn</BlastOutput_program>
  <BlastOutput_version>BLASTN 2.8.1+</BlastOutput_version>
... 후략
```

[스크립트 8-1 실행 결과]

BLAST 프로그램의 종류는 blastn, 데이터베이스는 nt, 마지막 인자는 SeqIO 로 FASTA 파일을 읽은 SeqRecord 객체를 넣어준다. 이렇게 만들어진 객체를 readlines( )로 읽은 후 출력하면 〈태그〉 형태의 문자열 결과들이 나오는데 3장 생물정보학 파일 포맷의 3.6에서 학습했던 XML 포맷이다. 기본적으로 NCBIWWW. qblast( ) 메서드로 BLAST를 실행하면 XML 포맷이 나온다.

● 8.3.2 BLAST 결과 XML 파일 파싱하기

바이오파이썬에서는 BLAST 실행 결과로 나온 XML 파일을 파싱하는 메서드 를 만들어 두었다. 우리가 만들지 않고 사용하면 되니 정말 다행이다. 사용법은 NCBIXML.parse( ) 메서드에 NCBIWWW.qblast( ) 메서드에서 나온 결과를 넣어 주는 것이다.

```
#8.3.2.blast_example.py

from Bio.Blast import NCBIWWW
```

```
from Bio.Blast import NCBIXML
from Bio import SeqIO

record = SeqIO.read("buccal_swab.unmapped1.fasta", format="fasta")
handle = NCBIWWW.qblast("blastn","nt",record.format("fasta"))

blast_records = NCBIXML.parse(handle)
E_VALUE_THRESHOLD = 0.05
for blast_record in blast_records:
    for alignment in blast_record.alignments:
        for hsp in alignment.hsps:
            if hsp.expect < E_VALUE_THRESHOLD:
                print(alignment.title)
                print(alignment.length)
                print(hsp.expect)
                print(hsp.query[0:75])
                print(hsp.match[0:75])
                print(hsp.sbjct[0:75])
```

[스크립트 8–2] NCBIWWW.qblast( ) 실행

```
gi|1489891749|dbj|AP018937.1| Streptococcus pneumoniae HU-OH DNA, complete
genome
2058492
6.73276e-36
CTTTTGTTAATCGATGATATACAGTCACTCAGCGGAAAAAAAGTCGCAACTCAGGAAGAATTTTTCAATACCTTT
|||||||||||||||||||||||||||||||||||||||||||||||||||||||||||||||||||||||||||||
CTTTTGTTAATCGATGATATACAGTCACTCAGCGGAAAAAAAGTCGCAACTCAGGAAGAATTTTTCAATACCTTT
… 후략
```

[스크립트 8–2 실행 결과]

 8.4 정리

이번 장에서는 BLAST를 실행하고 결과를 파싱하는 방법에 대해 알아보았다. 먼저 BLAST를 웹 브라우저에서 실행하는 방법에 대해 살펴본 후, 바이오파이썬으

바이오파이썬으로 만나는 생물정보학

로 BLAST를 실행하였다. 이후 XML 파일로 나온 BLAST 결과를 파싱하였다.

8.5 연습문제

문항 1. 미지 생물의 유전정보가 담긴 buccal_swab.unmapped2.fasta 파일로부터
바이오파이썬으로 BLAST를 진행해보자. 어떤 종이 발견되었는가?

문항 2. buccal_swab.unmapped2.fasta 파일로부터 웹 BLAST를 진행해보자. 바이
오파이썬의 결과와 같은지 확인해보자. (답안 없음)

답안 1. Human alphaherpesvirus 1

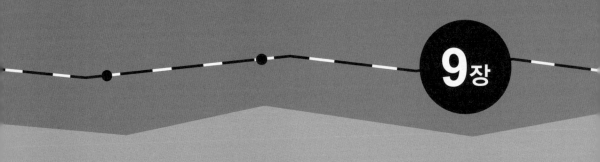

9장

NCBI 데이터베이스

이번 장에서는 NCBI의 데이터 검색 시스템인 Entrez에 대해 알아보고 Entrez에서 제공하는 유틸리티들을 바이오파이썬을 통해 검색하고 결과를 활용하는 방법에 대해 알아보겠다. 이번 장에서는 NCBI의 Entrez 시스템을 사용하므로 네트워크가 연결되었는지 확인하자.

9.1 Entrez

● 9.1.1 Entrez 소개

Entrez는 NCBI의 방대한 데이터 검색 시스템으로 PubMed, GenBank, GEO 등 49개 NCBI 데이터베이스 접근을 제공한다. 바이오파이썬에서도 Entrez의 유용한 검색 시스템을 활용할 수 있는 Bio.Entrez 모듈이 있다. Bio.Entrez 모듈의 역할은 바이오파이썬은 NCBI에서 제공하는 Entrez Programming 유틸리티를 활용하여

바이오파이썬으로 만나는 생물정보학

파이썬 내부에서 NCBI 데이터를 검색하고 파이썬에서 사용할 수 있도록 데이터를 파싱하는 것이다.

다음은 NCBI Entrez가 제공하는 검색 사이트다.

https://www.ncbi.nlm.nih.gov/search

[그림 9-1] NCBI Entrez 사이트

● 9.1.2 Entrez 가이드라인

Entrez에는 안정적인 시스템 운영과 사용자들의 편리한 이용을 위해 가이드라인을 제시하였다. 바이오파이썬의 Bio.Entrez 모듈을 사용하면 신경쓰지 않아도 될 것이 대부분이지만 참고삼아 읽어보자.

> 100개 이상 질의가 있다면 주말에는 미국 시간 기준으로 바쁜 시간 이후에 사용해야 한다.

http://eutils.ncbi.nlm.nih.gov의 URL을 사용해야 한다. 바이오파이썬을 사용하므로 신경 쓸 일은 없다.

> 초당 3개 이상 질의를 날리면 안 된다.

반드시 유효한 이메일 주소를 넣어야 한다. 이메일 주소를 넣는 이유는 만약 문제가 있는 경우, 사용자에게 알려주기 위해서다. 바이오파이썬에서는 Entrez에 이메일 주소를 넣을 때 다음과 같이 파이썬 스크립팅을 한다.

```
>>> from Bio import Entrez
>>> Entrez.email = "your@email.com"
```

한 번 더 말하지만 Entrez 사용 시 이메일 주소를 넣는 것은 의무사항이며 반드시 자신의 유효한 이메일을 써야 한다. 만약 과도한 사용으로 차단되었다면 이메일로 알려주는데 이메일 주소가 유효하지 않다면 차단 사실을 알 수 없다.

[표 9–1] Entrez 가이드라인

9.2 EFetch: 소아마비를 일으키는 poliovirus 데이터 읽기

● 9.2.1 EFetch로 데이터 읽어오기

EFetch는 Entrez의 모든 레코드를 받는 유틸리티다. NCBI의 데이터베이스는 대부분 여러 가지 포맷으로 결과를 제공할 수 있으므로 Entrez.efetch( ) 메서드에서 rettype과 retmode에서 결과 포맷을 지정해주어야 한다.

바이오파이썬의 Entrez.efetch( ) 메서드를 사용하여 NCBI의 데이터를 읽어보자.

```
#9.2.1.efetch_example.py

from Bio import Entrez

Entrez.email = "your@email.com" # 자신의 이메일을 사용해야 한다.
handle = Entrez.efetch(db="nucleotide", id="NC_002058.3", rettype="gb", retmode="text")
print(handle.read())
```

[스크립트 9-1] Entrez.efetch( ) 메서드로 NCBI 데이터 읽어오기

```
LOCUS       NC_002058   7440 bp ss-RNA   linear   VRL 13-AUG-2018
DEFINITION  Poliovirus, complete genome.
ACCESSION   NC_002058 NC_001428 NC_014336
VERSION     NC_002058.3
DBLINK      BioProject: PRJNA485481
KEYWORDS    RefSeq; coat protein; complementary DNA; genome; polyprotein.
... 후략 ...
```

[스크립트 9-1 실행 결과]

Entrez.efetch( ) 메서드로 읽어온 XML 형태의 데이터를 파이썬에서 다룰 수 있게 되었다. 이제 9.2.2에서 XML 형태의 데이터를 파싱하여 원하는 데이터를 가져와 보자.

● 9.2.2 Entrez XML로 EFetch 데이터 파싱하기

Entrez의 질의 결과 포맷은 XML로 바이오파이썬에서는 XML 포맷을 파싱해주는 2가지 메서드를 제공한다. 하나는 Entrez.read( ) 메서드이고 다른 하나는 Entrez. parse( ) 메서드이다. [표 9-2]에서 두 메서드를 비교해보자.

메서드 이름	Entrez.read( )	Entrez.parse( )
기능	XML 파일을 읽는다.	
반환형	리스트	제너레이터

메모리 부담	크다	작다

[표 9-2] Entrez.read( )와 Entrez.parse( ) 메서드 비교

리스트로 반환되는 Entrez.read( ) 메서드는 XML을 읽은 모든 레코드 결과를 한 번에 메모리에 올려 사용하며 제너레이터로 반환되는 Entrez.parse( ) 메서드는 레코드 하나하나를 그때마다 읽어 파싱하여 결과를 반환한다.

예를 들어 기가 바이트 단위의 XML 결과를 Entrez.read( ) 메서드로 읽는다면 메모리에 부담이 될 것이므로 Entrez.parse( ) 메서드를 사용하는 것이 좋다.

Entrez.read( ) 메서드로 locus, definition, strandness, moltype, length, references의 개수에 대해 출력해보겠다.

```python
#9.2.2.entrez_read_example.py

from Bio import Entrez

Entrez.email = "your@email.com"
handle = Entrez.efetch(db="nucleotide", id="NC_002058.3", rettype="gb", retmode="xml")
records = Entrez.read(handle)
for record in records:
    print(record["GBSeq_locus"])
    print(record["GBSeq_definition"])
    print(record["GBSeq_strandedness"], record["GBSeq_moltype"])
    print(record["GBSeq_length"], "bp")
    print(len(record["GBSeq_references"]), "journals")
```

[스크립트 9-2] Entrez.read( ) 메서드로 XML 데이터 읽기

```
NC_002058
Poliovirus, complete genome
single RNA
7440 bp
24 journals
```

[스크립트 9-2 실행 결과]

바이오파이썬으로 만나는 생물정보학

이번에는 NC_002058.3에 대해 출판된 논문에 대한 제목들만 가져와보겠다.

```
#9.2.2.entrez_parse_example.py

from Bio import Entrez

Entrez.email = "your@email.com"
handle = Entrez.efetch(db="nucleotide", id="NC_002058.3", rettype="gb", retmode="xml")
records = Entrez.parse(handle)
for record in records:
    for journal in record["GBSeq_references"]:
        print(journal["GBReference_title"])
```

[스크립트 9-3] Entrez.parse( ) 메서드로 XML 데이터 읽기

```
Polypyrimidine tract-binding protein stimulates the poliovirus IRES by modulating eIF4G binding
An RNA element at the 5'-end of the poliovirus genome functions as a general promoter for RNA synthesis
Replication of poliovirus requires binding of the poly(rC) binding protein to the cloverleaf as well as to the
adjacent C-rich spacer sequence between the cloverleaf and the internal ribosomal entry site
Interaction of translation initiation factor eIF4B with the poliovirus internal ribosome entry site
Poly (rC) binding protein 2 forms a ternary complex with the 5'-terminal sequences of poliovirus RNA and the
viral 3CD proteinase
...후략...
```

[스크립트 9-3 실행 결과]

9.3 EInfo: Entrez의 데이터베이스 목록

9.2에서는 nucleotide 데이터베이스에서 poliovirus를 검색하였다. 그렇다면 Entrez
에는 어떤 데이터베이스들이 있을까? 이 질문에 대한 답은 Entrez.einfo( ) 메서드
가 할 수 있다.

```
#9.3.entrez_example_1.py

from Bio import Entrez

Entrez.email = "your@email.com"
handle = Entrez.einfo()
result = handle.read()
print(result)
```

[스크립트 9-4] Entrez.einfo( ) 메서드로 Entrez의 데이터베이스 목록 출력하기

```
<?xml version="1.0" encoding="UTF-8" ?>
<!DOCTYPE eInfoResult PUBLIC "-//NLM//DTD einfo 20130322//EN" "https://eutils.ncbi.nlm.nih.gov/eutils/dtd/20130322/einfo.dtd">
<eInfoResult>
<DbList>

        <DbName>pubmed</DbName>
        <DbName>protein</DbName>
        <DbName>nuccore</DbName>
        <DbName>ipg</DbName>
        <DbName>nucleotide</DbName>
        <DbName>nucgss</DbName>
        <DbName>nucest</DbName>
        <DbName>structure</DbName>
        <DbName>sparcle</DbName>
        <DbName>genome</DbName>
        <DbName>annotinfo</DbName>
        <DbName>assembly</DbName>
        <DbName>bioproject</DbName>
        <DbName>biosample</DbName>
        <DbName>blastdbinfo</DbName>
        <DbName>books</DbName>
        <DbName>cdd</DbName>
        <DbName>clinvar</DbName>
        <DbName>clone</DbName>
        <DbName>gap</DbName>
        <DbName>gapplus</DbName>
        <DbName>grasp</DbName>
        <DbName>dbvar</DbName>
```

바이오파이썬으로 만나는 생물정보학

```
        <DbName>gene</DbName>
        <DbName>gds</DbName>
        <DbName>geoprofiles</DbName>
        <DbName>homologene</DbName>
        <DbName>medgen</DbName>
        <DbName>mesh</DbName>
        <DbName>ncbisearch</DbName>
        <DbName>nlmcatalog</DbName>
        <DbName>omim</DbName>
        <DbName>orgtrack</DbName>
        <DbName>pmc</DbName>
        <DbName>popset</DbName>
        <DbName>probe</DbName>
        <DbName>proteinclusters</DbName>
        <DbName>pcassay</DbName>
        <DbName>biosystems</DbName>
        <DbName>pccompound</DbName>
        <DbName>pcsubstance</DbName>
        <DbName>seqannot</DbName>
        <DbName>snp</DbName>
        <DbName>sra</DbName>
        <DbName>taxonomy</DbName>
        <DbName>biocollections</DbName>
        <DbName>unigene</DbName>
        <DbName>gencoll</DbName>
        <DbName>gtr</DbName>
    </DbList>

</eInfoResult>
```

[스크립트 9-4 실행 결과]

많은 데이터베이스들이 Entrez 시스템을 통해 서비스되고 있다. 몇 개나 될까? 손
가락으로 셀 수도 있겠지만 9.2.2에서 학습한 Entrez.read( ) 메서드를 사용하여
XML 형태의 데이터를 파싱하면 [스크립트 9-5 실행 결과]와 같이 간단히 XML을
사전형으로 바꿀 수 있다.

```
#9.3.entrez.einfo_example.py

from Bio import Entrez

Entrez.email = "your@email.com"
handle = Entrez.einfo()
record = Entrez.read(handle)

print(record)

print(len(record["DbList"]))
```

[스크립트 9-5] Entrez.einfo( ) 메서드로 Entrez의 데이터베이스 개수 출력하기

```
DictElement({'DbList': ['pubmed', 'protein', 'nuccore', 'ipg',
'nucleotide', 'nucgss', 'nucest', 'structure', 'sparcle', 'genome',
'annotinfo', 'assembly', 'bioproject', 'biosample', 'blastdbinfo',
'books', 'cdd', 'clinvar', 'clone', 'gap', 'gapplus', 'grasp',
'dbvar', 'gene', 'gds', 'geoprofiles', 'homologene', 'medgen',
'mesh', 'ncbisearch', 'nlmcatalog', 'omim', 'orgtrack', 'pmc',
'popset', 'probe', 'proteinclusters', 'pcassay', 'biosystems',
'pccompound', 'pcsubstance', 'seqannot', 'snp', 'sra', 'taxonomy',
'biocollections', 'unigene', 'gencoll', 'gtr']}, attributes={})
49
```

[스크립트 9-5 실행 결과]

총 49개 데이터베이스가 Entrez 시스템을 통해 서비스됨을 알 수 있다.

9.4 ESearch : Entrez 데이터베이스 검색

Entrez.esearch( ) 메서드는 9.3에서 살펴본 49개 데이터베이스를 검색해주는 메서드다. Entrez.esearch( ) 메서드를 활용할 수 있는 방법은 키워드를 넣고 얻어낸 id를 Entrez.efetch( ) 메서드에 넣어 더 자세한 내용을 얻어내는 방식으로 할 수

있다. 또는 [스크립트 9-6]과 같이 검색어를 넣고 나온 결과 수를 세어보는 것도 가능할 것이다.

```
#9.4.entrez.esearch_example.py

from Bio import Entrez

Entrez.email = "your@email.com"
handle = Entrez.esearch(db="pubmed", term="metagenome")
record = Entrez.read(handle)
print(record["Count"])  # 결과로 7020이 출력된다.
```

[스크립트 9-6] Entrez.esearch( ) 메서드로 Entrez의 데이터베이스 개수 출력하기

바이오파이썬 Entrez.esearch( ) 메서드로 metagenome을 pubmed에서 검색하여 7,020개라는 검색 결과를 얻었다. 참고로 이 스크립트는 2018년 12월에 수행한 결과로 수행 시점에 따라 값이 다를 수 있다. 결과가 맞는지 pubmed에서 검색해 보자. pubmed 사이트 주소는 다음과 같다.

https://www.ncbi.nlm.nih.gov/pubmed

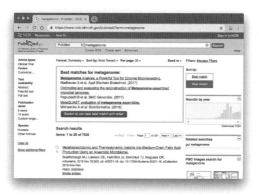

[그림 9-2] PubMed에서 metagenome으로 검색한 결과

실제로 pubmed에 metagenome으로 검색하면 7,020개 검색 결과를 얻을 수 있다. 이 번 장에서 소개하지 않은 Entrez의 다른 E-utilities의 경우, 다음 링크를 참조하자.

https://www.ncbi.nlm.nih.gov/books/NBK25501

9.5 정리

이번 장에서는 NCBI의 데이터베이스 검색 시스템인 Entrez에 대해 알아보았다. 또한 EFetch로 Entrez의 데이터를 받아와 파싱하였다. EInfo로 Entrez의 데이터베이스 목록을 받아올 수 있었으며 ESearch로 Entrez 데이터베이스를 검색할 수 있었다.

9.6 연습문제

문항 1. Entrez.efetch( ) 메서드를 사용하여 NC_001367.1이 가리키는 생물 종 이름과 moltype, 유전체의 길이, 출판된 논문 수를 알아보는 프로그램을 작성해보자.

문항 2. PubMed에서 bioinformatics로 검색하면 나오는 논문 수를 바이오파이썬을 사용하여 출력해보자. 실제로 값이 맞는지 pubmed에서도 검색하여 결과를 확인해보자.

문항 3. 독자 여러분이 관심 있는 종의 GenBank 파일을 바이오파이썬 Entrez 모듈을 사용하여 파싱하고 그 결과를 출력해보자. (답안 없음)

답안 1. 생물 종: Tobacco mosaic virus
moltype: single RNA
유전체 길이: 6,395 bp

답안 2. 265,236개(2018년 12월 기준)

10장

- - - - - - -

단백질의 세계로 :
Swiss-Prot과 ExPASy

||||||||||||||||||||||||||||||||||||||||||||||||||||||||||||||||||||||||||||||||||||||||||||||

이번 장에서는 단백질의 데이터베이스 중 하나인 Swiss-Prot에 대해 알아보고 바이오파이썬으로 Swiss-Prot 포맷 파일을 파싱하는 방법에 대해 알아볼 것이다. 또한 Swiss-Prot의 정보를 서버에서 제공해주는 ExPASy에 대해 알아보고 바이오파이썬으로 ExPASy 서버에 접근하여 Swiss-Prot 포맷을 받아와 파싱하는 방법에 대해 알아보겠다.

10.1 Swiss-Prot

● 10.1.1 Swiss-Prot과 Swiss-Prot 포맷

Swiss-Prot은 1986년 설립된 데이터베이스로 단백질서열 정보를 담고 있다. 또한 Swiss-Prot 데이터베이스는 추가적으로 단백질의 기능과 구조, 각 도메인에 대한 정보 번역 후 조절, 변이와 실험적 결과를 담고 있다. 자동화된 다른 데이터베이스들과의 주요 차이점은 전문가들이 직접 데이터를 선별하여 데이터 중복을 막고 다른 데이터베이스들과 통합을 이루었다는 점이다. Swiss-Prot이 제공하는 텍스트 포맷을 살펴보자. [스크립트 10-1]은 고지혈증과 알츠하이머병 등과 관련 있는 단백질인 P02649(APOE 유전자)다.

```
ID    APOE_HUMAN              Reviewed;        317 AA.
AC    P02649; B2RC15; C0JYY5; Q9P2S4;
DT    21-JUL-1986, integrated into UniProtKB/Swiss-Prot.
DT    21-JUL-1986, sequence version 1.
DT    16-JAN-2019, entry version 238.
DE    RecName: Full=Apolipoprotein E;
DE             Short=Apo-E;
DE    Flags: Precursor;
GN    Name=APOE;
OS    Homo sapiens (Human).
OC    Eukaryota; Metazoa; Chordata; Craniata; Vertebrata; Euteleostomi;
… 중략 …
RN    [61]
RP    CHARACTERIZATION OF VARIANT LYS-21, FUNCTION, AND LDLR-BINDING.
RX    PubMed=1530612;
RA    Dong L.M., Yamamura T., Tajima S., Yamamoto A.;
RT    "Site-directed mutagenesis of an apolipoprotein E mutant, apo
RT    E5(Glu3----Lys) and its binding to low density lipoprote
```

[스크립트 10-1] 파일 P02649.txt의 내용 중 일부

● 10.1.2 Swiss-Prot 레코드 객체

바이오파이썬에서는 Swiss-Prot 포맷 파일을 읽는 SwissProt이라는 모듈이 있다. Swiss-Prot 레코드 객체를 만드는 방법은 SwissProt 모듈을 import한 후, Swiss Prot.read( ) 메서드로 Swiss-Prot 포맷 파일을 읽은 핸들을 넣어주는 것이다.

실습에 사용할 파일은 앞의 10.1.1에서 살펴본 파일로 https://www.uniprot.org/uniprot/P02649.txt에서 다운로드하면 된다. [스크립트 10-2]를 살펴보자.

```
#10.1.2.SwissProt_Record.py
from Bio import SwissProt
#https://www.uniprot.org/uniprot/P02649.txt
handle = open("P02649.txt")
record = SwissProt.read(handle)
print(type(record)) # <class 'Bio.SwissProt.Record'>
handle.close()
```

[스크립트 10-2] Swiss-Prot 레코드 객체 생성

```
<class 'Bio.SwissProt.Record'>
```

[스크립트 10-2 실행 결과]

간단히 핸들을 SwissProt.read( ) 메서드로 읽어 Swiss-Prot 레코드 객체를 만들었다.

● 10.1.3 Swiss-Prot 파싱하기

Swiss-Prot 레코드 객체를 만드는 방법을 10.1.2에서 알아보았다. 이번에는 Swiss-Prot 레코드 객체를 파싱하는 방법에 대해 알아보겠다. 파싱은 Swiss Prot.read( ) 메서드로 핸들을 읽었을 때 Swiss-Prot 포맷 파일이 이미 파싱되어 Swiss-Prot 레코드 객체 안에 들어갔다. 단순히 Swiss-Prot 레코드 객체의 속성들에서 원하는 정보들만 가져오면 된다. 다음 [표 10-1]에서 Swiss-Prot 레코드 객체의 속성에 대해 알아보자.

속성	설명	예시
accessions	Swiss-Prot accession 번호들이 담긴 리스트가 반환된다.	['P02649', 'B2RC15', 'C0JYY5', 'Q9P2S4']
annotation_update	정보의 최신 업데이트 날짜가 반환된다.	('16-JAN-2019', 238)
created	정보가 처음 생성된 날짜가 반환된다.	('21-JUL-1986', 0)

description	RecName, Short, Flags 등의 정보가 반환된다.	RecName: Full=Apolipoprotein E; Short=Apo-E; Flags: Precursor;
entry_name	ID가 반환된다.	APOE_HUMAN
features	아미노산 서열의 특징이 반환된다.	[('SIGNAL', 1, 18, '{ECO:0000269|PubMed:7068630}.', ' '), …중략…,('STRAND', 307, 309, '{ECO:0000244|PDB:2L7B}.', ' ')]
organism	종 정보가 반환된다.	Homo sapiens (Human).
sequence	아미노산 서열이 반환된다.	MKVLWAALLVTFLAGCQAKVEQAVETEPEPELRQQTEWQSGQRWELALGRFWDYLRWVQTLSEQVQEELLSSQVTQELRALMDETMKELKAYKSELEEQLTPVAEETRARLSKELQAAQARLGADMEDVCGRLVQYRGEVQAMLGQSTEELRVRLASHLRKLRKRLLRDADDLQKRLAVYQAGAREGAERGLSAIRERLGPLVEQGRVRAATVGSLAGQPLQERAQAWGERLRARMEEMGSRTRDRLDEVKEQVAEVRAKLEEQAQQIRLQAEAFQARLKSWFEPLVEDMQRQWAGLVEKVQAAVGTSAAPVPSDNH
sequence_length	아미노산 서열의 길이가 반환된다.	317
taxonomy_id	분류학적 ID가 반환된다. 참고로 Human의 경우, 9606이다.	['9606']

[표 10-1] Swiss-Prot 레코드 객체 속성

```
#10.1.3.SwissProt_Parsing.py
from Bio import SwissProt

#https://www.uniprot.org/uniprot/P02649.txt
handle = open("P02649.txt")
record = SwissProt.read(handle)
print(type(record)) # <class 'Bio.SwissProt.Record'>
handle.close()

print(record.description)
print("gene_name:",record.gene_name)
print("organism:",record.organism)
print("sequence_length:",record.sequence_length)
```

바이오파이썬으로 만나는 생물정보학

```
print("sequence:",record.sequence)
```

[스크립트 10-3] Swiss-Prot 레코드 객체에서 원하는 정보 출력하기

```
<class 'Bio.SwissProt.Record'>
RecName: Full=Apolipoprotein E; Short=Apo-E; Flags: Precursor;
gene_name: Name=APOE;
organism: Homo sapiens (Human).
sequence_length: 317
sequence: MKVLWAALLVTFLAGCQAKVEQAVETEPEPELRQQTEWQSGQRWELALGRFWDYLRW
VQTLSEQVQEELLSSQVTQELRALMDETMKELKAYKSELEEQLTPVAEETRARLSKELQAAQARLGA
DMEDVCGRLVQYRGEVQAMLGQSTEELRVRLASHLRKLRKRLLRDADDLQKRLAVYQAGAREGAERG
LSAIRERLGPLVEQGRVRAATVGSLAGQPLQERAQAWGERLRARMEEMGSRTRDRLDEVKEQVAEVR
AKLEEQAQQIRLQAEAFQARLKSWFEPLVEDMQRQWAGLVEKVQAAVGTSAAPVPSDNH
```

[스크립트 10-3 실행 결과]

 ExPASy

● 10.2.1 ExPASy란

ExPASy는 "Expert Protein Analysis System"의 줄임말로 단백질체학(Proteomics) 툴과 데이터베이스들을 모은 서버다. ExPASy 서버에서는 Swiss-Prot의 데이터를 받아올 수 있는데 바이오파이썬은 ExPASy라는 모듈을 제공하여 파이썬 스크립트에서 바로 서버에 접속하여 정보를 받아올 수 있다.

● 10.2.2 ExPASy 서버 접근하여 정보 가져오기

ExPASy 서버에 접근하기 위해 바이오파이썬의 ExPASy.get_sprot_raw( ) 메서드를 사용한다. ExPASy.get_sprot_raw( ) 메서드는 ExPASy 서버에서 Swiss-Prot

의 raw 데이터에 접근하여 정보를 받아온다. 받아온 정보를 핸들에 받아 10.1.2에서 사용한 SwissProt.read( ) 메서드에 핸들을 넣으면 Swiss-Prot 데이터가 파싱된다. [스크립트 10-4]를 살펴보자.

```
#10.2.2.Access_ExPASy.py
from Bio import ExPASy
from Bio import SwissProt

accession = "P02649"
handle = ExPASy.get_sprot_raw(accession)
record = SwissProt.read(handle)
print(record.gene_name)
print(record.organism)
print(record.sequence_length)
print(record.sequence)
```

[스크립트 10-4] ExPASy에서 Swiss-Prot 데이터 가져와 원하는 정보 출력하기

```
Name=APOE;
Homo sapiens (Human).
317
MKVLWAALLVTFLAGCQAKVEQAVETEPEPELRQQTEWQSGQRWELALGRFWDYLRWVQTLSEQVQE
ELLSSQVTQELRALMDETMKELKAYKSELEEQLTPVAEETRARLSKELQAAQARLGADMEDVCGRLV
QYRGEVQAMLGQSTEELRVRLASHLRKLRKRLLRDADDLQKRLAVYQAGAREGAERGLSAIRERLGP
LVEQGRVRAATVGSLAGQPLQERAQAWGERLRARMEEMGSRTRDRLDEVKEQVAEVRAKLEEQAQQI
RLQAEAFQARLKSWFEPLVEDMQRQWAGLVEKVQAAVGTSAAPVPSDNH
```

[스크립트 10-4 실행 결과]

다시 한 번 스크립트에 대해 정리해보겠다. SwissProt의 accession number를 ExPASy.get_sprot_raw( ) 메서드에 넣어 Swiss-Prot raw data를 받아왔고 이것을 SwissProt.read( ) 메서드로 읽어 Swiss-Prot 데이터를 파싱하여 원하는 정보를 출력하였다.

10.3 정리

이번 장에서는 단백질 데이터베이스 중 하나인 Swiss-Prot과 Swiss-Prot 포맷에 대해 알아보았다. 바이오파이썬으로 Swiss-Prot 레코드 객체를 만들었으며 원하는 정보를 파싱하였다. ExPASy는 서버를 통해 Swiss-Prot 데이터베이스를 웹상으로 접근하였으며 이렇게 받아온 데이터를 파싱하여 원하는 정보를 출력하였다.

10.4 연습문제

문항 1. 알츠하이머병과 관련 있는 단백질인 P05067를 바이오파이썬을 사용하여 ExPASy 서버에 접근하여 다음 정보를 받아오자.

1) description

2) gene_name

3) organism

4) sequence_length

5) sequence

답안 1.

```
description: RecName: Full=Amyloid-beta precursor protein
{ECO:0000305}; Short=APP {ECO:0000305}; AltName: Full=ABPP;
AltName: Full=APPI; AltName: Full=Alzheimer disease amyloid
protein; AltName: Full=Amyloid precursor protein {ECO:0000305};
AltName: Full=Amyloid-beta A4 protein; AltName: Full=Cerebral
vascular amyloid peptide; Short=CVAP; AltName: Full=PreA4; AltName:
Full=Protease nexin-II; Short=PN-II; Contains: RecName: Full=N-APP;
Contains: RecName: Full=Soluble APP-alpha {ECO:0000303|PubMed:106
56250};Short=S-APP-alpha {ECO:0000303|PubMed:10656250}; Contains:
RecName: Full=Soluble APP-beta {ECO:0000303|PubMed:10656250};
```

Short=S-APP-beta {ECO:0000303|PubMed:10656250}; Contains:
RecName: Full=C99; AltName: Full=Beta-secretase C-terminal
fragment {ECO:0000303|PubMed:10656250}; Short=Beta-CTF
{ECO:0000303|PubMed:10656250}; Contains: RecName: Full=Amyloid-
beta protein 42 {ECO:0000303|PubMed:8886002}; Short=Abeta42;
AltName: Full=Beta-APP42; Contains: RecName: Full=Amyloid-beta
protein 40 {ECO:0000303|PubMed:8886002}; Short=Abeta40; AltName:
Full=Beta-APP40; Contains: RecName: Full=C83; AltName: Full=Alpha-
secretase C-terminal fragment {ECO:0000303|PubMed:10656250};
Short=Alpha-CTF {ECO:0000303|PubMed:10656250}; Contains: RecName:
Full=P3(42); Contains: RecName: Full=P3(40); Contains: RecName:
Full=C80; Contains: RecName: Full=Gamma-secretase C-terminal
fragment 59; AltName: Full=Amyloid intracellular domain 59;
Short=AICD-59; Short=AID(59); AltName: Full=Gamma-CTF(59);
Contains: RecName: Full=Gamma-secretase C-terminal fragment 57;
AltName: Full=Amyloid intracellular domain 57; Short=AICD-57;
Short=AID(57); AltName: Full=Gamma-CTF(57); Contains: RecName:
Full=Gamma-secretase C-terminal fragment 50; AltName: Full=Amyloid
intracellular domain 50; Short=AICD-50; Short=AID(50); AltName:
Full=Gamma-CTF(50); Contains: RecName: Full=C31; Flags: Precursor;

gene_name: Name=APP {ECO:0000312|HGNC:HGNC:620}; Synonyms=A4, AD1;

organism: Homo sapiens (Human).

sequence_length: 770

sequence: MLPGLALLLLAAWTARALEVPTDGNAGLLAEPQIAMFCGRLNMHMNVQNGKWDSDP
SGTKTCIDTKEGILQYCQEVYPELQITNVVEANQPVTIQNWCKRGRKQCKTHPHFVIPYRCLVGEF
VSDALLVPDKCKFLHQERMDVCETHLHWHTVAKETCSEKSTNLHDYGMLLPCGIDKFRGVEFVCCP
LAEESDNVDSADAEEDDSDVWWGGADTDYADGSEDKVVEVAEEEEVAEVEEEEADDDEDDEDGDEV
EEEAAEEPYEEATERTTSIATTTTTTTESVEEVVREVCSEQAETGPCRAMISRWYFDVTEGKCAPFF
YGGCGGNRNNFDTEEYCMAVCGSAMSQSLLKTTQEPLARDPVKLPTTAASTPDAVDKYLETPGDEN
EHAHFQKAKERLEAKHRERMSQVMREWEEAERQAKNLPKADKKAVIQHFQEKVESLEQEAANERQQ
LVETHMARVEAMLNDRRRLALENYITALQAVPPRPRHVFNMLKKYVRAEQKDRQHTLKHFEHVRMV
DPKKAAQIRSQVMTHLRVIYERMNQSLSLLYNVPAVAEEIQDEVDELLQKEQNYSDDVLANMISEP
RISYGNDALMPSLTETKTTVELLPVNGEFSLDDLQPWHSFGADSVPANTENEVEPVDARPAADRGL
TTRPGSGLTNIKTEEISEVKMDAEFRHDSGYEVHHQKLVFFAEDVGSNKGAIIGLMVGGVVIATVI
VITLVMLKKKQYTSIHHGVVEVDAAVTPEERHLSKMQQNGYENPTYKFFEQMQN

11장

계통분류학 분석 : Bio.Phylo

이번 장에서는 계통분류학(Phylogenetics)에 대해 알아보고 바이오파이썬으로 계통수(Phylogenetic tree)를 그려보는 방법에 대해 알아보겠다.

11.1 계통분류학

계통분류학이란 생물체 상호간 진화적 유사도를 가지고 진화적 역사와 종 간 상호관계를 연구하는 학문이다. 진화적 유사도란 눈으로 볼 수 있는 유전적 특성 또는 DNA 서열과 같은 분자생물학적 접근법이라고 말할 수 있다. 가끔 "인간과 쥐의 유전자, 99% 동일"과 같은 제목의 신문기사를 보게 되는데 이것은 분자생물학적 관점에서 유전자의 기능과 발현 형태를 보고 주장할 수 있었던 것이다. 또한 박테리아, 포도나무, 오리, 쥐 순서로 인간에 더 가깝다고 주장할 수 있는 것은 공통 조상으로부터 분기되어 나온 시점들이 각각 다르기 때문이다.

1977년 칼 리처드 워즈(Carl Richard Woese, 1928.7~2012.12)의 논문은 고세균 (Archaea)의 존재를 발견한 업적으로 진화생물학의 튼튼한 근간을 이루었다. 그는 16s rRNA에 주목하였으며 이것을 시퀀싱하여 지금까지 알려지지 않은 고세균을 발견하였다. [그림 11-1]에 그가 rRNA를 기반으로 그린 계통수가 있다.

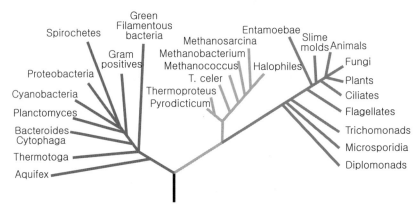

[그림 11-1] 칼 리처드 워즈가 rRNA를 기반으로 그린 계통수

계통수는 [그림 11-1]에서 보는 것처럼 여러 종 간 유사도를 기반으로 마치 나무와 같은 다이어그램을 그린 것이다. [그림 11-1]과 같이 16s rRNA로 그린 유명한 다이어그램뿐만 아니라 연구자가 원하는 기준으로 종들을 비교하여 다이어그램을 그릴 수 있다.

여담으로 16s rRNA는 원핵생물 동정에 사용하는 3가지 좋은 이유가 있다.

첫째, 현대 분류학에서 박테리아 분류 방법은 표현형적 분류보다 분자생물학적 관점에서 접근하는 것이 중시된다.

둘째, 16s rRNA는 서열 대부분의 보존이 잘 된 서열과 일부 다양성이 큰 서열 부분 모두 존재하여 여러 종을 비교하며 분류하기 쉽다.

셋째, 16s RNA는 그 길이가 1.5kb로 짧아 시퀀싱 비용이 적게 들어 연구하기 쉽다.

바이오파이썬으로 계통수를 그리기 전에 계통수를 표현하는 파일 포맷 중 하나인 Newick 포맷에 대해 학습해보자. Newick 포맷은 수학 그래프 이론에서 변(edge)과 변의 길이를 괄호와 쉼표를 이용하여 나타낼 수 있는 형식이다. 예시와 함께 Newick 포맷 표기법에 대해 살펴보자.

[그림 11-2]와 같이 A, B, C 3개 변으로 이루어진 다이어그램을 표기할 수 있다.

```
(A, B, C);
```

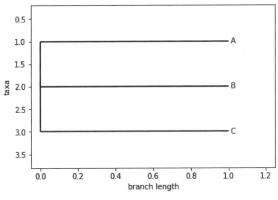

[그림 11-2] 다이어그램(A, B, C);

또한 [그림 11-3]과 같이 다이어그램을 구성하는 변의 길이가 다양할 수도 있다. 이럴 때는 각 변에 콜론 기호(:)를 이용하여 길이를 적어주면 된다.

```
(A:0.1, B:0.3, C:0.2);
```

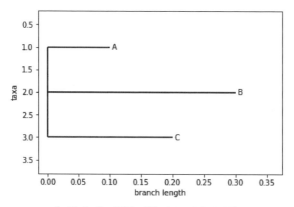

[그림 11-3] 다이어그램(A:0.1, B:0.3, C:0.2);

[그림 11-4]와 같이 변의 끝부분 꼭지에서 새로운 변이 나오는 경우, 어떻게 표기할까? C, D 변에 괄호를 감싸 표현해보자.

```
(A, B, (C, D));
```

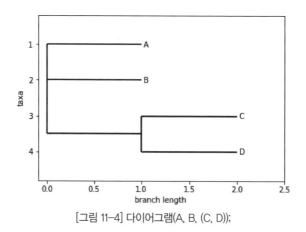

[그림 11-4] 다이어그램(A, B, (C, D));

이것을 응용해보면 [그림 11-5]와 같이 변의 길이 정보까지 함께 넣어 다이어그램을 표현할 수 있다.

```
(A:0.1, B:0.2, (C:0.15, D:0.1):0.15);
```

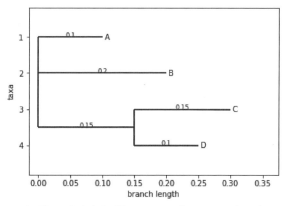

[그림 11-5] 다이어그램(A:0.1, B:0.2, (C:0.15, D:0.1):0.15);

11.3 바이오파이썬 Phylo 모듈

바이오파이썬을 활용하여 계통수를 그려보자. 바이오파이썬에서 계통수를 그리기 위해 Phylo라는 모듈을 제공한다. Phylo 모듈은 Newick뿐만 아니라 다른 여러 포맷들을 읽을 수 있으며 [표 11-1]에 정리하였다.

포맷
Newick
Nexus
Phyloxml
Nexml

[표 11-1] Phylo 모듈로 읽을 수 있는 계통수 포맷

11.4 Phylo 모듈로 계통수 그리기

11.3에서 살펴본 것처럼 바이오파이썬의 Phylo 모듈은 여러 계통수 포맷으로 다

이어그램을 그릴 수 있다. 여러 계통수 포맷 중 11.2에서 살펴본 newick 포맷에 대해 다이어그램을 그려볼 것이다.

● 11.4.1 Newick 파일 읽기

Newick 포맷을 읽기 위해 바이오파이썬 Phylo 모듈의 read( ) 메서드를 사용해보자. 샘플 파일로는 [그림 11-4] 다이어그램에서 사용한 sample_tree3.nwk을 읽어보자. Phylo 모듈의 read( ) 메서드로 newick 파일을 읽으며 인자로는 파일과 파일 종류를 넣어준다.

```
(A, B, (C, D));
```

sample_tree3.nwk 파일 내부

```
#11.4.1.read_newick.py
from Bio import Phylo
tree = Phylo.read("sample_tree3.nwk","newick")
print(type(tree))
print(tree)
```

[스크립트 11-1] newick 파일 읽기

```
<class 'Bio.Phylo.Newick.Tree'>
Tree(rooted=False, weight=1.0)
    Clade()
        Clade(name='A')
        Clade(name='B')
        Clade()
            Clade(name='C')
            Clade(name='D')
```

[스크립트 11-1 실행 결과]

Tree 객체의 타입과 Tree 객체가 담고 있는 내용을 출력해보았다. Tree 객체가 계통군(clade) 범주 안에서 구조성을 가지고 묶여 있는 것을 확인할 수 있다.

● 11.4.2 문자 형태로 계통수 출력하기

newick 포맷을 나무 모양의 텍스트 형태로 출력하는 방법은 newick 파일을 Phylo 모듈의 read( ) 메서드로 읽은 후, 읽은 Tree 객체를 Phylo.draw_ascii( ) 메서드에 넣어 출력하는 것이다.

```
#11.4.2.draw_ascii.py
## ASCII 형태로 tree 객체 출력하기
from Bio import Phylo
tree = Phylo.read("sample_tree3.nwk","newick")
Phylo.draw_ascii(tree)
```

[스크립트 11-2] ASCII 형태로 tree 객체 출력하기

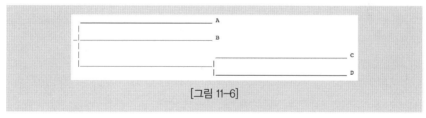

[그림 11-6]

[스크립트 11-2 실행 결과]

● 11.4.3 그림 형태로 계통수 출력하기

newick 포맷을 나무 모양의 이미지 형태로 출력하는 방법은 newick 파일을 Phylo 모듈의 read( ) 메서드로 읽은 후, 읽은 Tree 객체를 Phylo.draw( ) 메서드에 넣는 것이다.

참고로 리눅스의 터미널과 같이 모니터 출력이 어려운 환경에서는 오류가 발생하니

Jupyter Notebook과 같이 그림을 확인할 수 있는 프로그램을 사용하여 실습해보자.

```
#11.4.3.draw_tree.py
## tree 객체 그리기

from Bio import Phylo
tree = Phylo.read("sample_tree3.nwk","newick")
Phylo.draw(tree)
```

[스크립트 11-3] tree 객체 그리기

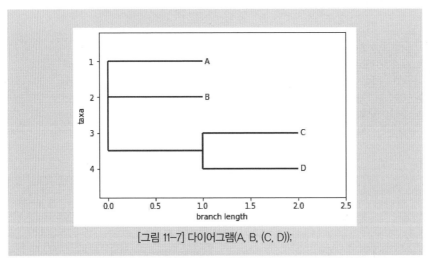

[그림 11-7] 다이어그램(A, B, (C, D));

[스크립트 11-3 실행 결과]

newick 파일을 읽어 멋진 다이어그램을 완성하였다.

● 11.4.4 계통수 그림에 색상 집어넣기

이번에는 계통수에 색상을 입혀보자. 색상을 입히는 방법은 Tree 객체의 clade
를 지정하여 color 속성에 색상을 입력해주는 것이다. 색상 지정은 RGB, HEX 코
드나 영어 색상 단어로 색상을 입력해주면 된다. [스크립트 11-4]를 살펴보자.

```
#11.4.4.draw_color_tree.py
from Bio import Phylo
tree = Phylo.read("sample_tree3.nwk","newick")
tree.rooted = True
tree.root.color = (128,128,128)
print(tree)
print("tree.clade[0]:", tree.clade[1])
print("tree.clade[1]:", tree.clade[1])
print("tree.clade[2,0]:", tree.clade[2,0])
print("tree.clade[2,1]:", tree.clade[2,1])
tree.clade[1].color = "blue"
tree.clade[2,0].color = "red"
Phylo.draw(tree)
```

[스크립트 11-4] 계통수 그림에 색상 집어넣기

```
Tree(rooted=True, weight=1.0)
    Clade()
        Clade(name='A')
        Clade(name='B')
        Clade()
            Clade(name='C')
            Clade(name='D')
tree.clade[0]: B
tree.clade[1]: B
tree.clade[2,0]: C
tree.clade[2,1]: D
```

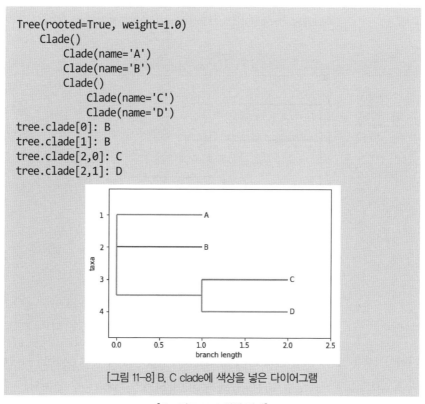

[그림 11-8] B, C clade에 색상을 넣은 다이어그램

[스크립트 11-4 실행 결과]

● 11.4.5 길이 정보가 있는 Newick 파일 다루기

길이 정보가 있는 newick 파일을 다이어그램으로 그려보자. [그림 11-5]에서 다룬 newick 파일 정보로 다이어그램을 그려보겠다.

```
(A:0.1,B:0.2,(C:0.15,D:0.1):0.15);
```

```
#11.4.5.draw_length_tree.py
from Bio import Phylo
tree = Phylo.read("sample_tree4.nwk","newick")
Phylo.draw(tree)
```

[스크립트 11-5] 길이 정보가 있는 Newick 파일 다루기

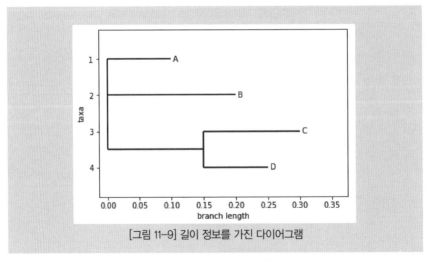

[그림 11-9] 길이 정보를 가진 다이어그램

[스크립트 11-5 실행 결과]

다이어그램을 그릴 때 Phylo.draw( ) 메서드 안에 Tree 객체와 함께 branch_labels 라는 인자를 넣어주면 길이 정보를 함께 표기하여 다이어그램을 그릴 수 있다.

바이오파이썬으로 만나는 생물정보학

```
#11.4.5.draw_length_label_tree.py
from Bio import Phylo
tree = Phylo.read("sample_tree4.nwk","newick")
Phylo.draw(tree, branch_labels = lambda c: c.branch_length)
```

[스크립트 11-6] 길이 정보가 표기된 다이어그램

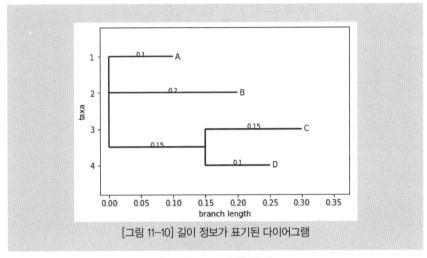

[그림 11-10] 길이 정보가 표기된 다이어그램

[스크립트 11-6 실행 결과]

11.5 정리

이번 장에서는 계통분류학과 이것을 생물정보학으로 표기하는 Newick 포맷에 대해 알아보았다. 바이오파이썬에서는 계통수를 그려주는 Phylo 모듈이 있으며 계통수를 ASCII 문자나 그림으로 표기할 수 있었다. 그림으로 표기할 때 색상을 넣을 수 있었으며 길이 정보를 포함한 Newick 포맷의 경우, 길이가 반영되어 다이어그램을 그릴 수 있었다.

문항 1. [그림 11-11]의 다이어그램을 newick 표기법으로 표시해보시오.

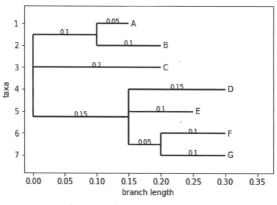

[그림 11-11] 연습문제 다이어그램

문항 2. 문항 1에서 만든 newick 표기법을 Phylo.draw( ) 메서드를 사용하여 다이어그램으로 그려보시오.

답안 1. ((A:0.05, B:0.1):0.1, C:0.2, (D:0.15,E:0.1,(F:0.1,G:0.1):0.05):0.15);

답안 2.

```
#11.6.answer.py
from Bio import Phylo
tree = Phylo.read("11.6.nwk","newick")
Phylo.draw(tree, branch_labels = lambda c: c.branch_length)
```

## 12장

시스템생물학 지도 : KEGG

이번 장에서는 KEGG(Kyoto Encyclopedia of Genes and Genomes)에 대해 학습 해보겠다. 먼저 KEGG가 무엇인지에 대해 알아보고 바이오파이썬에서 제공하는 KEGG 레코드 객체를 파싱하는 방법과 KEGG API 사용법에 대해 알아보겠다.

12.1 KEGG란

KEGG는 "Kyoto Encylopedia of Genes and Genomes"의 줄임말로 1995년 교토대 학 카네히사 미노루(金久實) 교수가 프로젝트를 시작하였다. KEGG에는 크게 네 종 류의 데이터베이스가 모여 있다. 생물학적 대사 경로(pathway)와 기능적 유전자 모 듈이 담겨 있는 데이터베이스, 유전체와 유전자 정보가 담겨 있는 데이터베이스, 화 학물질과 효소 정보가 담겨 있는 데이터베이스 그리고 질병, 약물, 환경 정보가 담 겨 있는 데이터베이스가 있다. KEGG 데이터베이스를 활용하여 연구자들은 유전체 학, 메타지놈, 대사체학(metabolomics), 약물개발 시뮬레이션 등을 연구할 수 있다.

12.2 해당 과정

바이오파이썬에서 KEGG 객체를 알아보기 위해 해당 과정(glycolysis)을 예시로 들어보겠다. 해당 과정에 대해 간단히 리뷰해보겠다. 해당 과정은 당을 분해하는 대사 경로로 10개 효소를 거쳐 포도당이 피루브산(pyruvate)과 2개의 ATP를 얻는 과정이다.

[그림 12-1]에 해당 과정의 대사 경로가 나와 있는데 이 과정에서 마지막 효소인 피루브산키나아제(pyruvate kinase)를 가지고 KEGG 객체를 학습해볼 것이다.

피루브산 키나아제의 효소 파일을 다음 주소에서 받자. 브라우저에 다음 주소를 입력한 후, ec_2.7.1.40.txt 파일로 저장하자.

```
http://rest.kegg.jp/get/ec:2.7.1.40
```

받은 파일을 메모장과 같은 텍스트 편집기로 열어보면 [스크립트 12-1]과 같다. 첫 15줄을 예시로 들어보았다.

```
phosphoenol transphosphorylase
CLASS       Transferases;
Transferring phosphorus-containing groups;
Phosphotransferases with an alcohol group as acceptor
SYSNAME     ATP:pyruvate 2-O-phosphotransferase
REACTION    ATP + pyruvate = ADP + phosphoenolpyruvate [RN:R00200]
ALL_REAC    R00200;
            (other) R00430 R00572 R00659 R00724 R01138 R01858 R02320
SUBSTRATE   ATP [CPD:C00002];
            pyruvate [CPD:C00022]
PRODUCT     ADP [CPD:C00008];
            phosphoenolpyruvate [CPD:C00074]
COMMENT     UTP, GTP, CTP, ITP and dATP can also act as donors. Also phosphorylates hydroxylamine and fluori
de in the presence of CO2.
HISTORY     EC 2.7.1.40 created 1961
..후략..
```

[스크립트 12-1] ec_2.7.1.40.txt 파일 내부

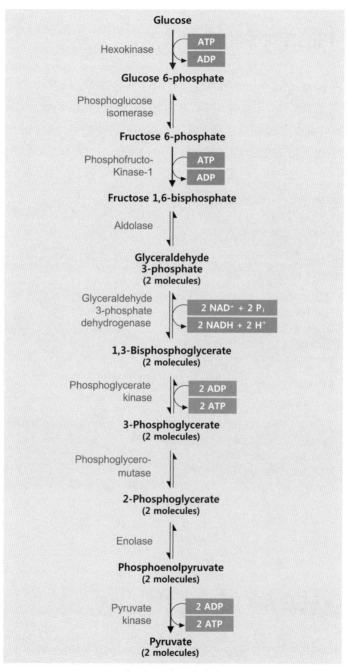

[그림 12–1] 해당 과정

12.3 KEGG 객체 파싱

우리가 받은 ec_2.7.1.40.txt 파일은 해당 과정에 관여하는 10가지 효소 중 하나
이다. 앞의 12.1에서 보았듯이 KEGG 데이터베이스에는 여러 종류의 정보가 있으
며 그중에서 효소 파일을 다룰 것이다. 바이오파이썬의 KEGG에는 Enzyme이라
는 모듈이 있다. [스크립트 12-2]를 살펴보자.

```python
#12.3.KEGG_Enzyme_example.py

from Bio.KEGG import Enzyme

records = Enzyme.parse(open("ec_2.7.1.40.txt"))
record = list(records)[0]
print("classname:", record.classname)
print("sysname:", record.sysname)
print("subtrate:", record.substrate)
print("product:", record.product)
```

[스크립트 12-2] KEGG 객체 파싱

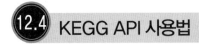

classname: ['Transferases;', 'Transferring phosphorus-containing groups;', 'Phosphotransferases with an alcohol group as acceptor']
sysname: ['ATP:pyruvate 2-0-phosphotransferase']
subtrate: ['ATP [CPD:C00002]', 'pyruvate [CPD:C00022]']
product: ['ADP [CPD:C00008]', 'phosphoenolpyruvate [CPD:C00074]']

[스크립트 12-2 실행 결과]

12.4 KEGG API 사용법

바이오파이썬의 REST 모듈을 사용하면 KEGG의 데이터베이스 목록을 읽어오고
데이터를 가져올 수 있다.

예를 들어 KEGG에서 제공하는 인간(Homo sapiens) 대사 경로들 중 인슐린과 관련 있는 대사 경로를 뽑아오고 KEGG 대사 경로에서 유전자만 가져온다고 가정하자. 크게 나누어 2개 단계가 있다.

첫 번째 단계에서는 KEGG에서 제공하는 인간 대사 경로에서 인슐린이 포함되어 있는 대사 경로를 가져온다.

두 번째 단계에서는 대사 경로의 데이터를 읽어 데이터 중 유전자 부분만 가져와 리스트에 담는다.

```python
#12.4.KEGG_REST_example.py
from Bio.KEGG import REST

human_pathways = REST.kegg_list("pathway", "hsa").read()

insulin_pathways = []
for line in human_pathways.rstrip().split("\n"):
    entry, description = line.split("\t")
    if "insulin" in description.lower():
        insulin_pathways.append(entry)
        print(entry, description)
print(insulin_pathways)

insulin_genes = []
for pathway in insulin_pathways:
    pathway_file = REST.kegg_get(pathway).read()

    current_section = None
    for line in pathway_file.rstrip().split("\n"):
        section = line[:12].strip()
        if not section == "":
            current_section = section

            if current_section == "GENE":
                gene_identifiers, gene_description = line[12:].split("; ")
                gene_id, gene_symbol = gene_identifiers.split()
```

```
        if not gene_symbol in insulin_genes:
            insulin_genes.append(gene_symbol)

print("There are %d insulin pathways and %d insulin genes. The genes are:" % (len(insulin_pathways), len(insulin_genes)))
print(", ".join(insulin_genes))
```

[스크립트 12-3] KEGG API 사용

```
path:hsa04910 Insulin signaling pathway - Homo sapiens (human)
path:hsa04911 Insulin secretion - Homo sapiens (human)
path:hsa04931 Insulin resistance - Homo sapiens (human)
['path:hsa04910', 'path:hsa04911', 'path:hsa04931']
There are 3 insulin pathways and 2 insulin genes. The genes are:
INS, SLC2A1
```

[스크립트 12-3 실행 결과]

KEGG에서 제공하는 인간(Homo sapiens) 대사 경로는 330개가 있으며 리스트는
다음 링크와 같다.

http://rest.kegg.jp/list/pathway/hsa

```
path:hsa00010    Glycolysis / Gluconeogenesis - Homo sapiens (human)
path:hsa00020    Citrate cycle (TCA cycle) - Homo sapiens (human)
path:hsa00030    Pentose phosphate pathway - Homo sapiens (human)
path:hsa00040    Pentose and glucuronate interconversions - Homo sapiens (human)
path:hsa00051    Fructose and mannose metabolism - Homo sapiens (human)
… 중략 …
path:hsa05416    Viral myocarditis - Homo sapiens (human)
path:hsa05418    Fluid shear stress and atherosclerosis - Homo sapiens (human)
```

[스크립트 12-4] KEGG 제공 인간 대사 경로

330개 대사 경로 리스트에서 인슐린과 관련된 3개 대사 경로(hsa04910, hsa

04911, hsa04931)를 가져왔으며 대사 경로를 읽어 2개의 유전자(GENE) 부분을
파싱하여 가져왔다.

12.5 정리

이번 장에서는 KEGG에 대해 알아보았고 해당 과정 예시를 통해 바이오파이썬의
KEGG 객체를 파싱하는 방법에 대해 학습하였다. 또한 KEGG API를 사용하여 웹
상 정보를 가져와 파싱하는 방법도 학습하였다.

12.6 연습문제

문항 1. KEGG pathway(대사 경로) Homo sapiens 데이터베이스에서 repair와 관련
된 대사 경로와 유전자를 출력해보시오.

답안 1. path:hsa03410 Base excision repair − Homo sapiens (human)
path:hsa03420 Nucleotide excision repair − Homo sapiens (human)
path:hsa03430 Mismatch repair − Homo sapiens (human)
There are 3 repair pathways and 3 repair genes. The genes are:
OGG1, RBX1, SSBP1

## 13장

바이오파이썬 활용 연습문제

독자 여러분! 여기까지 오시느라 수고 많으셨다. 이번 장에서는 지금까지 배운 바이오파이썬 지식을 가지고 문제를 해결해보는 시간을 가져보겠다. 이번 장을 통해 독자 여러분이 숙련된 바이오파이썬 지식을 쌓아 실제 업무와 연구에서 활용할 수 있기를 바란다.

문항 1	주어진 FASTA 파일인 13.1.fasta 파일에 들어 있는 서열은 대소문자가 섞여 있다. 바이오파이썬을 활용하여 서열을 모두 대문자로 바꾸는 프로그램을 작성해보자.
출력 1	SeqIO.parse( ) 메서드를 활용한다. SeqIO.write( ) 메서드를 사용하여 13.1.upper.fasta로 저장한다.
답안 1	```#13.1.fasta_upper.py
from Bio import SeqIO

records = (rec.upper() for rec in SeqIO.parse("13.1.fasta","fasta"))``` |

```
SeqIO.write(records, "13.1.upper.fasta","fasta")
```

문항 2 주어진 FASTA 파일에는 여러 개의 FASTA 레코드가 들어 있다. 각 레코드에서 다음 출력과 같이 염기서열을 세는 프로그램을 작성해보자.

출력 2
```
sample1
A 9
C 5
G 6
T 8
N 2
sample2
A 12
C 5
G 4
T 5
N 4
sample3
A 4
C 8
G 7
T 7
N 4
```

답안 2
```
#13.2.fasta_record_counter.py

f = "13.2.fasta"

with open(f,"rU") as handle:
    for record in SeqIO.parse(handle,"fasta"):
        seq = record.seq
        print(record.id)
        print("A",seq.upper().count("A"))
        print("C",seq.upper().count("C"))
        print("G",seq.upper().count("G"))
        print("T",seq.upper().count("T"))
        print("N",seq.upper().count("N"))
```

DNA 서열 "ACATTA"을 다음 출력과 같이 상보와 역상보 서열을 구하는 프로그램을 작성해보자.

```
comp_seq: TGTAAT
rev_comp_seq: TAATGT
```

```python
# 13.3.rev_comp.py
from Bio.Seq import Seq

seq = Seq("ACATTA")
comp_seq = seq.complement()
rev_comp_seq = seq.reverse_complement()
print("comp_seq:",comp_seq)  # TGTAAT
print("rev_comp_seq:",rev_comp_seq)  # TAATGT
```

주어진 GenBank 파일인 NM_000384.2.gb 파일을 읽어 다음과 같이 항목들을 출력해보자.

```
id: NM_000384.2
description: Homo sapiens apolipoprotein B (APOB), mRNA
molecule_type: mRNA
organism: Homo sapiens
```

```python
#13.4.read_gb.py

from Bio import SeqIO

gbk = SeqIO.read("NM_000384.2.gb","genbank")
print("id:",gbk.id)
print("description:",gbk.description)
print("molecule_type:",gbk.annotations['molecule_type'])
print("organism:",gbk.annotations['organism'])
```

다음 8개 서열로부터 웹로고를 만들어보는 프로그램을 작성해보자.

```
AATTAAA
AAAAAGA
AAATAGC
AATCAAC
AATTTAA
TATCAGA
ATATAGC
ATATTAA
```

출력 5

답안 5

```python
#13.5.WebLogo.py

from Bio.motifs import Motif
from Bio import motifs
from Bio.Seq import Seq

instances = [Seq("AATTAAA"),
             Seq("AAAAAGA"),
             Seq("AAATAGC"),
             Seq("AATCAAC"),
             Seq("AATTTAA"),
             Seq("TATCAGA"),
             Seq("ATATAGC"),
             Seq("ATATTAA"),
             ]

m = motifs.create(instances)

print(m.counts)
Motif.weblogo(m,'13.5.png')
```

문항 6	미지의 서열을 담고 있는 13.6.fasta 파일을 바이오파이썬을 활용하여 BLAST해보고 미지의 종이 어떤 종인지 알아보는 프로그램을 작성해보자.

출력 6	gi|61139|emb|X00596.1| Poliovirus type 3 mRNA (vaccine strain Sabin 3 (Leon 12a1b))
	7434
	5.60156e-107
	GTGGGCAAGCACTACTGTTTCGCCGGTGAGGCCGCATAGACTGTTCCCACGGTTGAAAGTGTCCGATCCGTTATC
	||||||||||||||||||||| ||||||||||||||||||||||||||||||||||||||||||||||||||||
	GTGGGCAAGCACTACTGTTTCCCCGGTGAGGCCGCATAGACTGTTCCCACGGTTGAAAGTGTCCGATCCGTTATC

답안 6

```
#13.6.blast.py

from Bio.Blast import NCBIWWW
from Bio.Blast import NCBIXML
from Bio import SeqIO

record = SeqIO.read("13.6.fasta", format="fasta")
handle = NCBIWWW.qblast("blastn","nt",record.format("fasta"))

blast_records = NCBIXML.parse(handle)
E_VALUE_THRESHOLD = 0.05
for blast_record in blast_records:
    for alignment in blast_record.alignments:
        for hsp in alignment.hsps:
            if hsp.expect < E_VALUE_THRESHOLD:
                print(alignment.title)
                print(alignment.length)
                print(hsp.expect)
                print(hsp.query[0:75])
                print(hsp.match[0:75])
                print(hsp.sbjct[0:75])
```

문항 7	바이오파이썬 Entrez를 사용하여 NCBI의 nucleotide 데이터베이스의 NC_001498.1의 정보에 접근하여 다음과 같이 항목들을 출력해보자.

Locus: NC_001498

Definition: Measles virus, complete genome
Strand, Molecular type: single cRNA
Length: 15894 bp
Journal: 8 journals

```python
#13.7.efetch.py

from Bio import Entrez

Entrez.email = "your@email.com"
handle = Entrez.efetch(db="nucleotide", id="NC_001498.1", rettype="gb", retmode="xml")
records = Entrez.read(handle)
for record in records:
    print("Locus:",record["GBSeq_locus"])
    print("Definition:",record["GBSeq_definition"])
    print("Strand, Molecular type:",record["GBSeq_strandedness"], record["GBSeq_moltype"])
    print("Length:",record["GBSeq_length"], "bp")
    print("Journal:",len(record["GBSeq_references"]), "journals")
```

ExPASy에서 SwissProt accession ID P04637의 gene_name, organism, sequence를 출력하는 프로그램을 작성해보자.

gene_name: Name=TP53; Synonyms=P53;
organism: Homo sapiens (Human).
sequence: MEEPQSDPSVEPPLSQETFSDLWKLLPENNVLSPLPSQAMDDLMLSPDDIE
QWFTEDPGPDEAPRMPEAAPPVAPAPAAPTPAAPAPAPSWPLSSSVPSQKTYQGSYGFRLG
FLHSGTAKSVTCTYSPALNKMFCQLAKTCPVQLWVDSTPPPGTRVRAMAIYKQSQHMTEVV
RRCPHHERCSDSDGLAPPQHLIRVEGNLRVEYLDDRNTFRHSVVVPYEPPEVGSDCTTIH
YNYMCNSSCMGGMNRRPILTIITLEDSSGNLLGRNSFEVRVCACPGRDRRTEEENLRKKG
EPHHELPPGSTKRALPNNTSSSPQPKKKPLDGEYFTLQIRGRERFEMFRELNEALELKDAQ
AGKEPGGSRAHSSHLKSKKGQSTSRHKKLMFKTEGPDSD

```
#13.8.ExPASy.py
from Bio import ExPASy
from Bio import SwissProt

accession = "P04637"

handle = ExPASy.get_sprot_raw(accession)
record = SwissProt.read(handle)
print("gene_name:",record.gene_name)
print("organism:",record.organism)
print("sequence:",record.sequence)
```

문항 9 다음 그림과 같은 계통수를 그려보자.

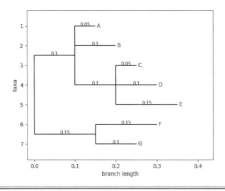

출력 9

답안 9

```
#13.9.tree.py
from Bio import Phylo
tree = Phylo.read("13.9.nwk","newick")
Phylo.draw(tree, branch_labels = lambda c: c.branch_length)

#13.9.nwk
((A:0.05, B:0.1,(C:0.05,D:0.1,E:0.15):0.1):0.1,(F:0.15,G:0.1):0.15);
```

문항 10	KEGG pathway에서 Hepatitis와 관련 있는 pathway와 유전자를 출력하는 프로그램을 작성해보자.

출력 10	path:hsa05160 Hepatitis C - Homo sapiens (human) path:hsa05161 Hepatitis B - Homo sapiens (human) ['path:hsa05160', 'path:hsa05161'] There are 2 hepatitis pathways and 2 hepatitis genes. The genes are: LDLR, HSPG2

답안 10

```python
#13.10.KEGG.py
from Bio.KEGG import REST

human_pathways = REST.kegg_list("pathway", "hsa").read()

hepatitis_pathways = []
for line in human_pathways.rstrip().split("\n"):
    entry, description = line.split("\t")
    if "hepatitis" in de...scription.lower():
        hepatitis_pathways.append(entry)
        print(entry, description)
print(hepatitis_pathways)

hepatitis_genes = []
for pathway in hepatitis_pathways:
    pathway_file = REST.kegg_get(pathway).read()

    current_section = None
    for line in pathway_file.rstrip().split("\n"):
        section = line[:12].strip()
        if not section == "":
            current_section = section

            if current_section == "GENE":
                gene_identifiers, gene_description = line[12:].split("; ")

                gene_id, gene_symbol = gene_identifiers.split()
                if not gene_symbol in hepatitis_genes:
                    hepatitis_genes.append(gene_symbol)

print("There are %d hepatitis pathways and %d hepatitis genes. The genes are:" % (len(hepatitis_pathways), len(hepatitis_genes)))
print(", ".join(hepatitis_genes))
```

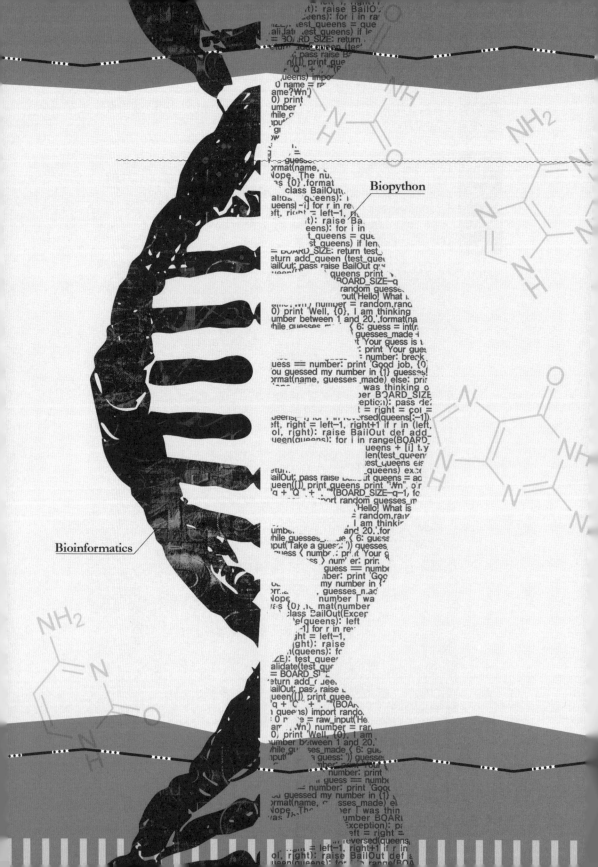

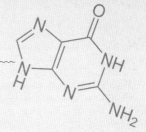

생물정보학
파이썬 프로그래밍

섹션 2에서는 생물정보학 파이썬 프로그래밍 연습문제를 담았다. 바이오파이썬은 파이썬의 라이브러리 중 하나이므로 바이오파이썬을 잘 사용하기 위해서는 탄탄한 파이썬 지식과 프로그래밍 실력이 필수다. 프로그래밍 실력을 키우기 위해서는 스스로 문제를 해결해보고 머리에서 생각 나는 대로 코딩해봐야 한다고 많은 사람들이 조언한다.

그런데 본서를 쓴 필자도 그랬듯이 생물정보학 프로그래밍 실력을 키우기 위해 어디서부터 어떤 문제를 해결해야 할지 막막해 섹션 2에서는 파이썬의 기본적인 문법과 문제 해결 능력을 쌓아가는 동시에 생물정보학 관련 문제를 라이브러리 사용 없이 파이썬만으로 해결하며 파이썬 실력을 쌓아보겠다. 독자 여러분의 머릿속에 있는 파이썬 문법 지식으로 실제 파이썬 문제들을 해결하며 실력이 향상되기를 바란다.

① 프로그래밍 시작

문항 1	Hello, Bioinformatics
	파이썬의 print 함수를 사용하여 Hello, Bioinformatics를 출력하는 프로그램을 작성해보시오.

출력 1	Hello, Bioinformatics

답안 1	#001.py
	`print("Hello, Bioinformatics")`

해설 1

파이썬의 print 함수는 입력된 값을 출력해준다. 일반적으로 프로그래밍할 때 출력함수를 많이 사용한다. 여러 가지 이유가 있지만 중간마다 출력되는 값이나 원하는 최종 결과를 확인하는 것이 가장 큰 이유이다.

문항 2	변수 사용
	변수 r에 반지름값 3을 받아 원의 넓이를 구하는 프로그램을 작성해보시오.

출력 2	28.26

답안 2	#002.py
| | ```
r = 3
PI = 3.14
area = r * r * PI
print(area)
``` |
```

파이썬 변수에 값을 넣을 때 = 기호 기준으로 왼쪽에는 변수명, 오른쪽에는 값을 넣게 된다. 일반적으로 컴퓨터 프로그래밍에서 변수는 프로그램 작성자가 명명한 이름으로 할당받은 메모리 영역을 말한다. 이 메모리 영역에는 프로그램이 사용할 정보, 즉 값을 저장하고 있다. 쉽게 말해 변수라는 그릇에 문자나 숫자값을 넣었고 값이 필요할 때 변수를 불러 안의 내용을 가져오는 것이다.

변수를 담는 그릇은 여러 가지다. 파이썬에서는 미리 만들어놓은 그릇이 있고 문자형, 정수형, 실수형, 논리형, 리스트, 사전 등이 있다. 이외에 라이브러리에서 특이적으로 만든 데이터 형태들이 있는데 바이오파이썬에는 SeqRecord 객체 등이 있다.

객체는 행동을 나타내는 메서드와 특성을 나타내는 속성이 있다. 객체에 대한 자세한 설명은 4.2장에서 살펴보자.

문항 3	연산자 소개
	변수 num1과 num2에 3과 5를 넣고 사칙연산(+, -, *, /)과 나머지 연산 그리고 num1의 num2 제곱을 계산한 결과를 출력하는 프로그램을 작성해보시오.
출력 3	8 -2 15 0.6 3 243
답안 3	#003.py num1 = 3

```
num2 = 5
print(num1 + num2)
print(num1 - num2)
print(num1 * num2)
print(num1 / num2)
print(num1 % num2)
print(num1 ** num2)
```

해설 3

파이썬의 연산자는 수학에서 봤던 연산자와 비슷하다. 정리된 [표 1-1]을 참고
하자.

연산자 종류	연산자	의미
대입 연산자	=	왼쪽 항목에 오른쪽 항목 값을 대입
산술 연산자	+, -, *, /, %	사칙연산
관계 연산자	⟨, ⟨=, =), ==, !=	크고 작음과 일치 여부 비교
증감 연산자	++, --	증가와 감소
논리 연산자	or, and, not	논리합, 논리곱, 논리 부정

[표 1-1] 연산자의 종류

문항 4 if - else 조건문

변수 num1에 들어 있는 값이 짝수인지 홀수인지 판별하는 프로그램을 작
성해보시오. 예시로 num1에 3을 넣겠다.

출력 4 3은 홀수다.

답안 4 #004.py

```
num1 = 3
if num1 % 2 == 1:
    print(num1, "은 홀수다.")
else:
    print(num1, "은 짝수다.")
```

연산자 %를 사용하여 1이 남으면 홀수, 나누어 떨어지면 짝수임을 이용하여 홀짝을 구분하였다.

문항 5 if – elif – else 조건문

변수 num1에 들어 있는 값이 3의 배수 또는 7의 배수인지 판별하는 프로그램을 작성해보시오. 예시로 num1에 21을 넣겠다.

출력 5 21은 3과 7의 배수다.

답안 5
```
#005.py

num1 = 21
if num1 % 3 ==0 and num1 % 7 == 0:
    print(num1, "은 3과 7의 배수다.")
elif num1 % 3 == 0:
    print(num1, "은 3의 배수다.")
elif num1 % 7 == 0:
    print(num1, "은 7의 배수다.")
else:
    print(num1, "은 3 또는 7의 배수가 아니다.")
```

해설 5

나머지 연산자(%)를 활용하여 나머지가 0인 경우, 배수가 됨을 이용

문항 6 for문

1부터 10까지 숫자의 합을 구하는 프로그램을 작성해보시오.

출력 6 55

답안 6

```
#006.py

s = 0
for i in range(1,11,1):
    s += i
print(s)
```

해설 6 ··

파이썬의 for문은 iterable 객체인, 순환이 가능한 데이터 형태와 함께 쓰인다. 순환 가능한 객체는 문자열, 리스트, 사전형 객체들이다. 또한 range( ) 함수도 자주 함께 쓰인다. for문의 형태는 다음과 같다.

```
for 변수 in 순환 가능 객체:
<명령문>
```

문자열을 순환 가능 객체에 넣으면 다음과 같다.

```
for s in "ACGT":
    print(s)

# 다음과 같이 출력된다.
A
C
G
T
```

리스트를 순환 가능 객체에 넣으면 다음과 같다.

```
for s in ["TTA", "TAG", "TGA"]:
    print(s)
```

```
# 다음과 같이 출력된다.
TTA
TAG
TGA
```

사전을 순환 가능 객체에 넣으면 다음과 같다.

```
for s in {"TTA":2, "TAG":3, "TGA":1}:
    print(s)

# 다음과 같이 출력된다.
TTA
TAG
TGA
```

만약 사전의 키-값 쌍으로 출력을 원한다면 items( ) 메서드를 사용한다.

```
d = {"TTA":2, "TAG":3, "TGA":1}
for k, v in d.items():
    print(k, v)

# 다음과 같이 출력된다.
TTA 2
TAG 3
TGA 1
```

range( ) 함수에는 3개 인자가 들어간다.

```
range(start, end, step)
```

시작(start), 끝(end), 단계(step) 3개 인자를 모두 넣을 필요는 없으며 하나만 넣어주면 end에 값이 들어간다. 즉, range(끝)만 쓰면 1부터 끝까지 1씩 올라가며 범위를 만들어준다.

range(시작, 끝)만 쓰면 시작부터 끝까지 1씩 올라가며 범위를 만들어준다. 문항 6에서 보듯이 for문과 함께 range( ) 함수가 유용하게 쓰인다.

문항 7	중첩이 있는 for문
	구구단의 짝수단만 출력해보세요.

출력 7	2 * 1 = 2
	2 * 2 = 4
	…중략…
	2 * 9 = 18
	4 * 1 = 4
	…중략…
	8 * 9 = 72

답안 7	#007.py
| | ```python
for i in range(2,9,2):
    for j in range(1,10,1):
        print(i, "*", j, "=", i*j)
``` |

해설 7

for문 안에 for문을 넣을 수 있다. 스크립트를 따라가며 출력 결과를 확인해보자. 첫 번째 for문에서 i에 2가 들어간 후 두 번째 for문 j가 1부터 9까지 들어간다. 이후 i에 3이 들어가며 for문이 진행된다. 이렇게 for문 안에 for를 중첩하여 넣을 수 있다.
```

while문

while문을 사용하여 5!(factorial) 값을 구하는 프로그램을 작성하시오.

출력 8   120

답안 8
```python
#008.py

num = 5
result = 1


while num > 0:
    result *= num
    num -= 1

print(result)
```

해설 8

while문은 조건이 참인 동안 while문 코드 안에 있는 내용을 계속 반복하여 수행하는 명령문이다. 다음은 while문의 일반적인 형태다.

```python
while <조건문>:
 <명령문>
```

주의할 점은 〈명령문〉 코드에서 〈조건문〉이 거짓이 되도록 while문에서 탈출할 수 있는 조건문을 넣어주어야 한다는 것이다. 그렇지 않으면 while문이 계속 실행되어 끝나지 않는 코드가 만들어진다. 논리를 잘못 짜 지속적인 명령문이 실행된다면 Ctrl + C 키를 눌러 빠져나가자.

문항 9 함수

greet라는 함수를 만들어 함수를 호출할 때마다 "Hello, Bioinformatics."
를 출력하는 프로그램을 작성해보시오.

출력 9 Hello, Bioinformatics.
Hello, Bioinformatics.

답안 9
```
#009.py

def greet():
    print("Hello, Bioinformatics.")

greet()
greet()
```

해설 9 ·····

일반적으로 파이썬 함수는 다음과 같은 형태다.

```
def <함수명>(인수 1, 인수 2, …):
<명령문>
return <반환값>
```

함수 정의는 def로 한다. 첫 줄에는 def 〈함수명〉 괄호와 콜론을 써준다. 괄호 안에
는 함수 내부로 전달할 인수들이 들어가며 반드시 넣어주지 않아도 된다. 함수 내
부에는 프로그램 작성자가 실행할 명령문들이 들어가며 함수 밖으로 전달할 값이
있다면 return 명령문으로 반환값을 지정해준다. 만약 없다면 return을 쓰지 않아
도 된다.

함수에는 4가지가 있다.

	반환값 없음	반환값 있음
입력 인수 없음	문항 9	문항 11
입력 인수 있음	문항 10	문항 12

[표 1-2] 함수의 종류

함수를 처음 접한다면 함수가 어색할 수 있으니 4가지 문항들을 비교하며 차이점을 알아보자.

문항 9의 경우, 입력 인수, 반환값 모두 없는 함수다.

문항 10 **함수 – 함수에 값 전달**

mySum이라는 함수를 만들어 (2, 3), (5, 7), (10, 15)를 함수에 값으로 전달하여 전달한 두 수를 합하여 출력하는 프로그램을 작성해보시오.

출력 10
```
2 + 3 = 5
5 + 7 = 12
10 + 15 = 25
```

답안 10
```
#010.py

def mySum(num1, num2):
    print("%s + %s = %s" %(num1, num2, num1+num2))

mySum(2, 3)
mySum(5, 7)
mySum(10,15)
```

해설 10

문항10에서 작성한 함수는 함수에 인수가 있고 반환값이 없는 함수다. 그래서 def로 정의된 함수의 괄호 안에 함수 안으로 전달하는 변수들이 있고 함수 내부에서 처리한 값이 print로 출력되지만 return이 없으므로 반환값이 없다.

함수 – 함수에서 값의 반환

5!(Factorial)을 계산하여 반환하는 함수를 만들어보시오.

출력 11 120

답안 11

```python
#011.py

def Factorial():
    result = 1
    num = 5

    while num > 0:
        result *= num
        num -= 1

    return result

result = Factorial()
print(result)
```

해설 11

문항 11에서 작성한 함수에는 인수가 없지만 반환값이 있는 함수다. 그래서 def로 정의된 함수의 괄호 안에는 아무 값이 없으며 함수 내부에서 처리한 값은 return을 통해 반환되어 나온다. 함수 외부의 result=Factorial( ) 부분을 살펴보면 Factorial( ) 함수에서 return되어 나온 값이 result로 들어간다는 것을 알 수 있다. 그래서 result를 출력하면 5!의 값이 나오는 것이다.

문항 12 함수 – 함수에 값 전달과 반환값 받기

앞의 Factorial 함수를 수정하여 함수에 값을 전달하여 값을 반환하도록 프로그램을 작성하시오. 예를 들어 함수에 3을 넣으면 3!의 값이 출력되도록 프로그램을 작성하시오.

```
# 3을 넣은 경우
6

# 4를 넣은 경우
24

# 5를 넣은 경우
120
```

답안 12

```
#012.py

def Factorial(num):
    result = 1

    while num > 0:
        result *= num
        num -= 1

    return result

num = 3
result = Factorial(num)
print(result)
```

해설 12

문항 12에서 작성한 함수는 인수와 반환값 모두 있는 함수다. 그래서 def로 정의된 함수의 괄호 안에는 외부에서 받을 수 있는 변수 num이 있고 함수 내부에서 처리한 값은 return을 통해 반환되어 나온다. 함수 외부에서 num = 3으로 지정한 후, Factorial(num)을 호출하면 3이 Factorial 함수 내부로 들어가 결과가 계산되어 return을 통해 함수 밖으로 나온다. 반환된 계산값은 result라는 변수에 저장되고 result를 출력하면 num에 입력된 값의 팩토리얼이 계산되어 나온다.

사용자로부터 직접 이름을 입력받아 Hello 〈사용자 이름〉을 출력하는 프로그램을 작성해보시오.

Hello Bio.

```python
name = input("이름 입력: ")
print("Hello %s." % name)
```

해설 13

하드코딩이란 스크립트 내부에 바로 값을 입력시키는 것을 말한다. 스크립트 내부의 name이라는 변수에 값을 바로 지정해준 스크립트에서 name 변수의 값을 바꾸고 싶다면 스크립트를 열어 코드 내부를 고쳐야 할 것이다. 그런데 만약 사용자로부터 namer와 같이 변화하는 값을 입력받는다면 어떻게 될까?

답안 13을 살펴보면 name 변수에 input이라는 함수를 가지고 사용자로부터 값을 입력받게 된다. 이렇게 사용자로부터 값을 받으면 스크립트를 고칠 필요 없이 동적으로 프로그램을 실행할 수 있게 된다.

사용자로부터 한 글자를 입력받은 후, 입력받은 문자가 숫자인지 문자인지 판별하는 프로그램을 작성하시오.

A는 문자.

3을 입력한 경우
3은 숫자.

#014.py

```
s = input("입력: ")
if s.isalpha():
    print("%s는 문자." % s)
else:
    print("%s는 숫자." % s)
```

해설 14

사용자로부터 값 받기를 활용한 문제다. 앞 문항에서 살펴본 input 함수를 사용하여 값을 입력받은 후, 문자열의 isalpha( ) 메서드를 사용하여 문자 여부를 판별하는 스크립트다.

문항 15 **커맨드라인에서 인수 입력받기**

작성한 스크립트를 커맨드라인에서 실행할 때 외부에서 인수를 입력받아 이것을 출력하는 프로그램을 작성해보시오.

출력 15 # user를 입력한 경우
Hello user.

답안 15 #015.py

```
import sys

s = sys.argv[1]
print("Hello %s." % s)
```

해설 15

파이썬 스크립트에서 사용자로부터 값을 입력받는 또 다른 방법은 파이썬 스크립트를 실행할 때 사용자로부터 값을 입력받는 것이다. 이 방법은 파이썬 기본 내장 모듈인 sys 모듈을 사용하는 데 sys.argv 속성을 이용한다. CLI(Command Line Interface) 환경에서 많이 사용하며 답안 15를 실행할 때 다음과 같이 실행한다.

```
$ python 015.py user
Hello user.
```

<table>
<tr><td>문항 16</td><td>파일 읽기

read_sample.txt 파일을 읽어 파일 안의 내용을 출력하는 프로그램을 작성해보시오.</td></tr>
<tr><td>출력 16</td><td>Hello
read_sample text file</td></tr>
</table>

답안 16

```
#016-1.py

f = open("read_sample.txt",'r')
r = f.readlines()
f.close()
for s in r:
    print(s.strip())
#016-2.py

with open("read_sample.txt",'r') as handle:
    for line in handle:
        print(line.strip())
```

해설 16

파이썬에서 파일을 읽을 때는 open( ) 또는 with open( )을 사용한다. open( )과 with open( )에는 2가지 인자가 들어가는데 하나는 읽을 파일 이름, 또 하나는 open 방법이다. open 방법에 대해 알아보자.

open 방법	의미
r	읽기, read
w	쓰기, write
a	추가, append

[표 1-3] open 방법과 의미

이번 문항에서 파일을 읽기를 원하므로 open 방법으로 r을 사용한다. open( )으로 파일을 연 객체를 readlines( ) 메서드로 읽어냈다. readline( )은 한 줄씩 읽어 문자열로 얻을 수 있고 readlines( )는 파일 객체 전체를 읽어 리스트로 반환한다.

with open( )에는 as handle:이라고 쓰인 부분이 있는데 파일을 열어 handle이라는 변수에 파일을 연 객체를 지정하였다. open( )으로 연 객체를 읽은 후, close( ) 메서드로 파일 객체를 반드시 닫아야 한다.

with open( )의 경우, 파일을 닫아줄 필요 없이 들여쓰기 부분이 종료되면 자동으로 파일 객체가 닫힌다. 이 부분이 open( )과 with open( )의 가장 큰 차이점이다.

이렇게 파일을 읽는 2가지 방법에 대해 알아보았다. 파일을 읽기 전, 체크해야 할 중요 부분을 아래 [표 1-4]에 정리하였다.

파일을 읽기 전, 할 일
1) 파일 형태 파악 사람이 읽을 수 있는 형태의 텍스트 파일인지, 읽을 수 없는 2진 형식(binary) 파일인지 확인해 본다.
2) 파일 내부 구조 파악 텍스트 파일의 경우, 파일을 열어 파일 내부의 생김새를 살펴본다. 쉼표(,)나 탭(tab)처럼 구분자 (delimiter)로 구분되어 있는지 확인한다.
3) 파일 존재 여부 파악 당연한 말이지만 파일이 없어 못 여는 경우도 종종 있다.

[표 1-4] 파일을 읽기 전 체크 사항

바이오파이썬으로 만나는 생물정보학

문항 17	파일 쓰기
	write_sample.txt 파일에 출력 17의 내용을 쓰는 프로그램을 작성하시오.

출력 17	Hello write_sample text file # 실제 출력되는 내용이 아닌 write_sample.txt 파일 내부에 들어갈 내용을 넣은 것이다.

답안 17	#017-1.py

```
f = open("write_sample.txt",'w')
f.write("Hello\n")
f.write("write_sample text file\n")
f.close()
```

```
#017-2.py

write_string = "Hello\nwrite_sample text file\n"
with open("write_sample.txt",'w') as handle:
    handle.write(write_string)
```

해설 17

파일을 쓸 때는 파일을 읽을 때와 마찬가지로 파일을 연 객체가 필요하다. 다만 앞의 [표 1-3]에서도 알아봤듯이 write 방법으로 파일을 연다. 파일을 연 객체에서 write( ) 메서드를 사용하여 파일을 쓴다. 017.py에서도 보듯이 write( ) 메서드 안에 문자열을 넣거나 017-1.py처럼 문자열이 담긴 변수를 넣어도 파일에 문자열을 쓸 수 있다.

주석 달기

이번 문항은 문제 해결이 아니라 주석을 넣는 방법에 대해 알아보겠다.
파이썬에서 주석은 다음과 같이 달 수 있다.

```
# Single line comment

"""
Multiple line
comment
"""
```

해설 18

주석 한 줄을 달 때는 샵 기호(#)를 사용하고 여러 줄을 달 때는 따옴표 3개로 한
다. 홑따옴표와 겹따옴표 둘 다 가능하다. 주석의 역할은 프로그래밍할 때 스크립
트에 쓰는 설명문과 같다.

프로그래밍 작업은 혼자 또는 여럿이 하게 되는데 주석을 써놓으면 나중에 코드를
보게 될 자신이나 동료들에게 스크립트의 의미를 알려주므로 매우 중요하다. 물론
프로그램이 실행될 때 주석은 아무 영향을 미치지 않는다.

예외 처리하기 – 디버깅

다음 스크립트를 실행하면 파일이 없다는 뜻의 파이썬 에러가 발생한다.
try–except를 사용하여 파일이 없는 경우, 파일이 없다고 print하도록 수
정하는 프로그램을 작성하시오.

```
#019_before.py

with open("noname.txt",'r') as fr:
    read = fr.readlines()
    print(read)
```

```
#019_after.py

try:
```

```
    with open("noname.txt",'r') as fr:
        read = fr.readlines()
        print(read)
except FileNotFoundError:
    print("파일이 없습니다.")
```

해설 19

스크립트 19를 실행하면 with open("noname.txt",'r') as fr:에서 다음과 같이 파이썬 에러가 발생한다.

```
-----------------------------------------------------------
FileNotFoundError        Traceback (most recent call last)
<ipython-input-46-03188c2ee76f> in <module>()
      1 #019_before.py
----> 2 with open("noname.txt",'r') as fr:
      3     read = fr.readlines()
      4     print(read)

FileNotFoundError: [Errno 2] No such file or directory: 'noname.txt'
```

프로그래밍에 익숙하지 않은 초급 단계에서 오류가 발생하면 당황하기 쉽다. 하지만 오류 발생은 지극히 자연스러운 현상이고 오류 메시지는 우리가 오류를 고칠 수 있는, 즉 디버깅할 수 있는 훌륭한 자료다. 찬찬히 오류를 살펴보자.

with open( ) 부분에서 FileNotFoundError가 발생하였다. 파일을 열 때 파일이 없어 생기는 오류다. 오류가 발생하면 파이썬은 오류 이후 스크립트를 실행하지 않고 오류 발생 지점에서 멈추게 된다. 그래서 try-except 구문으로 오류의 종류에 맞게 스크립트를 진행하도록 만들 수 있다.

답안 19를 참고해보면 try: 안에 원하는 명령어들을 넣어주고 try:에서 오류가 발생하면 except 오류 종류:에서 오류 종류에 맞게 오류를 처리할 수 있게 해준다.

예외 처리하기 – 여러 오류들 처리하기

다음 스크립트를 실행하면 10에서 입력받은 숫자를 나누어 결과를 출력한다. 예를 들어 2를 입력하면 5.0을 얻을 수 있다. 그런데 0을 입력하면 ZeroDivisionError가 발생하고 아무 것도 입력하지 않고 엔터 키를 치면 ValueError가 발생한다.

try-except를 사용하여 0을 입력한 상황에서는 "0으로는 나눌 수 없습니다."라는 메시지를 표시하고 아무 것도 입력하지 않은 상황에서는 "값을 입력해주세요."라는 메시지를 표시하도록 하는 프로그램을 작성하시오.

파일이 없다는 뜻의 파이썬 에러가 발생한다. try-except를 사용하여 파일이 없는 경우, 파일이 없다고 print하도록 수정하는 프로그램을 작성하시오.

출력 20

```
#020_before.py

num = int(input("Enter: "))
print(10 / num)
```

답안 20

```
#020_after.py

try:
    num = int(input("Enter: "))
    print(10 / num)
except ZeroDivisionError:
    print("0으로는 나눌 수 없습니다.")
except ValueError:
    print("값을 입력해주세요.")
```

해설 20

input에 값을 넣지 않으면 다음과 같이 int로 바꿀 수가 없어 ValueError가 발생한다.

```
-----------------------------------------------------------
ValueError                    Traceback (most recent call last)
```

```
<ipython-input-56-37b8f4edb09f> in <module>()
      1 #020_before.py
----> 2 num = int(input("Enter: "))
      3 print(10 / num)

ValueError: invalid literal for int() with base 10: ''
```

또는 input에 0을 입력하면 분모에 0이 들어가 ZeroDivisionErrorrk가 발생한다.

```
------------------------------------------------------------
ZeroDivisionError Traceback (most recent call last)
<ipython-input-57-37b8f4edb09f> in <module>()
      1 #020_before.py
      2 num = int(input("Enter: "))
----> 3 print(10 / num)

ZeroDivisionError: division by zero
```

2가지 오류를 처리하기 위해 오류가 발생하는 스크립트를 try:로 묶고 각 오류를 처리할 except를 하나씩 넣어주면 된다.

② 자료형 다루기

● 2.1 문자열

문항 21 **문자열 더하기**
2개 변수를 선언한 후, 각 Bio와 Informatics를 넣은 후, 다른 변수에는 두 변수값을 합친 값을 집어넣고 출력하는 프로그램을 작성해보시오.

출력 21 BioInformatics

답안 21

```
#021.py

a = "Bio"
b = "Informatics"
c = a + b

print(c)
```

해설 21

파이썬에서 문자열을 연결하는 방법은 단순히 문자열끼리 더하기 기호(+)로 연결해주는 것이다.

문항 22 **문자열 반복하여 더하기**

메티오닌(ATG)과 트립토판(TGG)의 10회 반복과 히스티딘(CAT)이 합쳐진 서열을 출력하는 프로그램을 작성해보시오.

출력 22 ATGTGGTGGTGGTGGTGGTGGTGGTGGTGGTGGCAT

답안 22

```
#022.py

Met = "ATG"
Trp = "TGG" * 10
His = "CAT"

seq = Met + Trp + His
print(seq)
```

해설 22

파이썬에서 문자열의 n회 반복은 단순히 문자열에 곱하기 연산자(*)를 사용하여 n회 곱하면 된다. 이렇게 생각한 대로 스크립팅할 수 있다는 점은 다른 언어에서는 보기 어려운 파이썬의 직관적이고 배우기 쉬운 점 중 하나다.

스크립트를 보면 트립토판의 TGG에 10을 곱하여 TGG가 10회 반복되는 문자열을 Trp 변수에 넣었고 ATG가 담긴 Met 변수와 CAT가 담긴 His 변수를 앞뒤로 더하기 연산자로 합쳐 원하는 결과를 만들어냈다.

문항 23 **문자열에서 n번째 문자 출력하기**

문자열 변수 seq에 "AGTTTATAG"가 담겨 있다. 문자열 변수 seq의 6번째 문자를 출력하는 프로그램을 작성해보시오.

출력 23 A

답안 23

```
#023.py

seq = "AGTTTATAG"
print(seq[5])
```

해설 23

이번 문항은 문자열에서 6번째에 해당하는 문자를 출력하는 문항이다. 파이썬은 인덱스 번호가 0번부터 시작하는 zero-based index다. 문항에 주어진 서열 "AGTTTATAG"을 인덱스에 맞게 정리하였다. 6번째 문자의 인덱스는 6번 인덱스가 아닌 5번 인덱스로 문자로는 A다.

인덱스	0	1	2	3	4	5	6	7	8
값	A	G	T	T	T	A	T	A	G

파이썬에서 특정 인덱스로 문자를 가져오려면 대괄호를 써야 한다. 그래서 seq[5]를 하면 6번째 인덱스를 가져올 수 있다.

문자열 슬라이싱

문자열 변수 seq에 "AGTTTATAG"가 담겨 있다. 문자열 변수 seq의 4번째 문자부터 6번째 문자까지 출력하는 프로그램을 작성해보시오.

출력 24 TTA

답안 24
```
#024.py

seq = "AGTTTATAG"
print(seq[3:6])
```

해설 24

파이썬의 문자열을 특정 구간부터 특정 구간까지 슬라이싱(slicing)하는, 즉 자르는 방법은 대괄호 안에 숫자 구간을 넣어주는 것이다. 그 방법은 다음과 같다.

```
string[start:end:step]
```

start로 지정한 숫자의 다음 index 번호부터 end로 지정한 숫자의 index 번호까지 문자열을 가져올 수 있다. step의 경우, 넣어주지 않으면 기본값으로 1이 들어간다.

4번째 index부터 6번째 index까지 문자열을 가져오기 위해 다음과 같이 슬라이싱하면 된다.

```
string = "AGTTTATAG"
string[3:6]
```

인덱스	0	1	2	3	4	5	6	7	8
값	A	G	T	T	T	A	T	A	G

문자열 길이 구하기

문자열 변수 seq에 "AGTTTATAG"가 담겨 있다. 문자열 seq의 길이를 구하는 프로그램을 작성하시오.

출력 25 9

답안 25
```
#025.py

seq = "AGTTTATAG"
print(len(seq))
```

해설 25

파이썬에서 문자열의 길이를 구할 때는 파이썬 내장함수 len( )을 사용한다. 내장함수 len( ) 내부에 문자열이나 리스트, 사전 등 길이를 구할 수 있는 데이터형을 넣어주면 그 길이가 반환된다.

문항 26 **문자열 대소문자 변환하기**

문자열 변수 seq에 "ATGttATaG"가 담겨 있다. 문자열 seq을 모두 소문자 또는 대문자로 바꾼 문자열을 출력하는 프로그램을 작성하시오.

출력 26 ATGTTATAG
atgttatag

답안 26
```
#026.py

seq = "ATGttATaG"
print(seq.upper()) # ATGTTATAG
print(seq.lower()) # atgttatag
```

해설 26

파이썬의 문자열을 대문자나 소문자로 바꾸려면 문자열 메서드인 upper( )와 lower

( )를 사용하면 된다. 답안 26을 참고하면 대문자와 소문자가 섞인 seq 문자열에서 upper( ) 메서드를 사용하면 문자열이 모두 대문자로 바뀐 것을 확인할 수 있고 lower( ) 메서드를 사용하면 문자열이 모두 소문자로 바뀐 것을 확인할 수 있다.

생물정보학에서 다루는 파일인 FASTA 파일은 3장에서 자세한 내용을 다루게 되는데 대문자와 소문자가 섞여 있을 수도 있다. 기준 서열(Reference Sequence)을 제공하는 UCSC(University of California Santa Cruz) 사이트에 따르면 반복되는 서열은 소문자로 표기하고 반복되지 않는 서열은 대문자로 표기한다고 쓰여 있다. 다음 링크를 참조하자.

http://hgdownload.cse.ucsc.edu/goldenPath/hg19/chromosomes/

문항 27	문자열 n씩 건너뛰며 출력하기
	문자열 변수 seq에 "AGTTTATAG"가 담겨 있다. seq에서 문자 3개씩 건너뛰며 출력하는, 즉 1번째, 4번째, 7번째 문자만 출력하는 프로그램을 작성해보시오.

출력 27	A T T

답안 27	#027-1.py
	
	seq = "AGTTTATAG"
	for s in seq[::3]:
	#for s in seq[0:len(seq):3]: # seq[::3]과 같은 표현이다.
	    print(s)
	
	#027-2.py
	
	seq = "AGTTTATAG"
	for i in range(0,len(seq),3):
	    print(seq[i])

바이오파이썬으로 만나는 생물정보학

문자열에서 문자를 3개씩 건너뛰며 출력하는 방법은 2가지다.

첫째, 문자열 슬라이싱을 이용하는 방법이다. 문항 24에서 문자열을 슬라이싱하는 방법을 다음과 같이 학습하였다.

```
string[start:end:step]
```

대괄호 안에는 콜론으로 구분해 시작:끝:스텝을 표현할 수 있다. 이번 문항의 경우, 문자 3개씩마다 출력하는 것이 목표다. 그래서 스텝에 3을 값으로 넣어주면 문자 3개씩 건너뛰며 출력할 수 있다.

둘째, range( ) 함수를 이용하는 방법이다. 문항 6에서도 보았듯이 range( ) 함수는 다음과 같이 인자가 들어간다.

```
range(start, end, step)
```

range에는 3개 인자(시작, 끝, 단계)가 들어가는데 슬라이싱에서와 마찬가지로 들어가는 값이 같다. for문에 range(0,len(seq),3)를 넣으면 0부터 3씩 건너뛰며 seq의 길이만큼 인덱스가 나오므로 문자 3개씩 건너뛰며 문자를 출력할 수 있다.

인덱스	0	1	2	3	4	5	6	7	8
값	A	G	T	T	T	A	T	A	G

문항 28 문자열을 n개씩 나누어 출력하기

문자열 변수 seq에 "AGTTTATAG"가 담겨 있다. seq에서 3개 문자씩 나누어 출력하는 프로그램을 작성해보시오. 출력 28의 결과를 참조하여 프로그램을 작성해보시오.

출력 28	AGT
	TTA
	TAG

답안 28	#028.py

```
seq = "AGTTTATAG"
for i in range(0,len(seq),3):
    print(seq[i:i+3])
```

해설 28

문자열에서 3개 문자씩 끊어 출력하는 문항이다. range( ) 함수를 이용하여 index
를 3개씩 건너뛰어 가져온 후, 문자열을 슬라이싱하여 3개 문자씩 가져온다. 문항
27에서 3개씩 건너뛰어 index를 가져오는 방법에서 문자열 슬라이싱을 추가할 수
있음을 확인하자.

인덱스	0	1	2	3	4	5	6	7	8
값	A	G	T	T	T	A	T	A	G

문항 29	문자열 순서를 거꾸로 뒤집어 출력하기
	문자열 변수 seq에 "AGTTTATAG"가 담겨 있다. seq의 문자열을 거꾸로 뒤집어 출력하는 프로그램을 작성해보시오.

출력 29	GATATTTGA

답안 29	#029-1.py

```
seq = "AGTTTATAG"
rev_seq = ""
for i in range(len(seq)-1,-1,-1):
    rev_seq += seq[i]
print(rev_seq)
```

바이오파이썬으로 만나는 생물정보학

```
#029-2.py

seq = "AGTTTATAG"
print(seq[::-1])
```

```
#029-3.py

seq = "AGTTTATAG"
print(''.join(reversed(seq)))
```

해설 29

파이썬에서 문자열을 뒤집는 3가지 방법을 알아볼 것이다.

첫 번째 방법은 029-1.py에서처럼 문자열을 뒤에서부터 읽어 새 문자열에 합치는 방법이다. 생각하기 가장 쉬운 방법이지만 for문을 사용하여 문자열을 합치는 방법은 속도 면에서 바람직한 방법은 아니다.

두 번째 방법은 029-2.py에서처럼 슬라이싱을 활용하는 방법이다. 슬라이싱에 step 부분을 -1로 하면 뒤에서부터 문자를 읽도록 할 수 있다. 이것을 전체 구간으로 지정하면 결과적으로 문자를 거꾸로 읽도록 할 수 있다.

마지막 세 번째 방법은 문자열의 join( ) 메서드와 reversed( ) 내장함수를 사용하는 방법이다. 내장함수 reverse( )는 인자로 들어올 수 있는 iterable 객체(문자열, 리스트 등과 같이 순환하며 참조할 수 있는 객체)를 뒤집어 reversed 객체를 만들어준다. 이것을 문자열의 join( ) 메서드 안에 집어넣어 문자열을 하나로 합쳐 결과를 만들어낸다.

문항 30 문자열 바꾸기

문자열 변수 seq에 "AGTTTATAG"가 담겨 있다. A 문자는 T로, C 문자는 G로, G 문자는 C로, T 문자는 A로 바꾸어 출력하는 프로그램을 작성하시오.

답안 30

```
#030.py

seq = "AGTTTATAG"
new_seq = ""
for s in seq:
    if s == "A":
        new_seq += "T"
    elif s == "C":
        new_seq += "G"
    elif s == "G":
        new_seq += "C"

    elif s == "T":
        new_seq += "A"
print(new_seq)
```

해설 30

이번 문항은 문자열에서 특정 문자를 다른 문자로 바꾸는 문항이다. 파이썬의 문자열에는 replace( )라는 메서드가 있다. replace( ) 메서드는 다음 예시와 같이 사용할 수 있다.

```
>>> seq = "AGTTTATAG"
>>> seq.replace("A","T")
'TGTTTTTTG'
```

replace( ) 메서드로 A를 T로 바꾸었다. 그런데 이번 문항에서는 replace( ) 메서드를 사용할 수 없다. A를 T로 바꾸어야 하고 T를 A로 바꾸어야 하는데 A를 T로 바꾸면서 기존 T와 바뀐 T를 구별할 수 없기 때문이다. 그래서 이번 문항은 replace( ) 메서드를 사용하지 않고 문자열에서 한 문자씩 읽으면서 A는 T로, T는 A로, C는 G로, G는 C로 바꾸는 논리를 짤 것이다.

결과가 나올 새로운 문자열 변수를 생성하고 한 글자씩 읽어 if문으로 문자를 판단하여 문자열을 바꾸었다. 생물학적으로 A는 T로, T는 A로, C는 G로, G는 C로 바뀐 서열을 상보적 서열(complement sequence)이라고 한다.

더 좋은 방법이 있을 거라고 생각하더라도 머릿속에 떠오르는 논리를 코드로 옮기는 것을 두려워하지 않아도 된다. 열심히 학습하다 보면 더 효율적인 코드를 작성할 능력이 생길 것이다.

문항 31	역상보 서열(reverse complement sequence) 만들기
	문자열 변수 seq에 "AGTTTATAG"가 담겨 있다. seq에 담겨 있는 문자열을 뒤집은 후, A 문자는 T로, C 문자는 G로, G 문자는 C로, T 문자는 A로 바꾸어 revcomp_seq 변수에 저장한다. 그리고 seq와 revcomp_seq을 출력하는 프로그램을 작성하시오.

출력 31	AGTTTATAG CTATAAACT

답안 31	#031-1.py

```python
seq = "AGTTTATAG"
rev_seq = seq[::-1]
revcomp_seq = ""
for s in rev_seq:
    if s == "A":
        revcomp_seq += "T"
    elif s == "C":
        revcomp_seq += "G"
    elif s == "G":
        revcomp_seq += "C"
    elif s == "T":
        revcomp_seq += "A"
print(seq)
print(revcomp_seq)
```

```
#031-2.py

from Bio.Seq import Seq

seq = Seq("AGTTTATAG")
print(seq)
print(seq.reverse_complement())
```

해설 31

원본 문자열을 뒤집고 짝에 맞게 상보적으로 만든 서열을 역상보 서열이라고 한다. 스크립트 031-1.py를 살펴보면 문자열을 뒤집어 rev_seq에 넣고 for문으로 문자를 하나씩 꺼내 상보적 문자를 revcomp_seq에 넣어 역상보 서열을 완성한다.

참고로 바이오파이썬의 경우, Bio.Seq 모듈의 Seq 메서드로 Seq 객체를 만들 수 있다. 만든 Seq 객체에는 reverse_complement( )라는 메서드가 있는데 이 메서드를 사용하면 바로 역상보 서열을 만들 수 있다.

031-2.py 스크립트를 참조하면 간단히 서열로부터 역상보 서열을 만들 수 있음을 확인할 수 있다. Seq 객체에 대해서는 섹션 1의 4장에서 확인할 수 있다.

문항 32 **문자열에서 특정 문자가 있는지 확인하기**

문자열 변수 seq에 "AGTTTATAG"가 담겨 있다. seq 안에 문자열 C가 있는지 여부를 판단하고 T가 있는지 여부를 판단하는 프로그램을 작성해 보시오.

출력 32 False
True

```
#032.py

seq = "AGTTTATAG"
print("C" in seq)
print("T" in seq)
```

해설 32

파이썬에서 문자나 문자열이 문자열 안에 들어 있는지 여부를 확인하는 방법은 다음과 같이 매우 간단하다.

문자 in 문자열

문자열뿐만 아니라 리스트, 사전과 같은 형태도 가능하다.

문자 in 리스트
문자 in 사전

파이썬의 in을 사용하면 True 또는 False의 불리언값이 반환된다. 문항 32를 보면 문자열 seq 내부에는 문자 C가 없으므로 "C" in seq을 하면 False가 반환되고 문자 T는 seq 내부에 있으므로 "T" in seq을 하면 True가 반환된다.

문항 33 문자열에서 특정 문자의 index 번호 출력하기

문자열 변수 seq에 "AGTTTATAG"가 담겨 있다. seq 내부의 문자 TT가 출현하는 모든 index 번호를 출력하는 프로그램을 작성하시오.

출력 33 2
3

```
#033.py

seq = "AGTTTATAG"
motif = "TT"
for i in range(len(seq)):
    if seq[i:i+len(motif)] == motif:
        print(i)
```

파이썬에서 문자열 중 특정 문자나 문자열이 출현하는 index 번호를 알 수 있는 일반적인 방법은 index( ) 메서드를 사용하는 것으로 사용 방법은 다음과 같다.

```
>>> seq = "AGTTTATAG"
>>> seq.index("A")
0
>>> seq.index("TT")
2
```

원하는 문자나 문자열이 출현한 index 번호를 출력해준다. 그런데 맨 첫 번째 index 번호만 출력해주므로 모든 index 번호를 출력하기에는 index( ) 메서드는 부적합하다. 그래서 for문으로 기준 문자열을 한 글자씩 접근하며 원하는 문자가 있는지 여부를 확인하고 문자가 있다면 index 번호를 출력하도록 코드를 작성하였다.

인덱스와 값을 정리한 다음 표를 보면 문자열 TT가 시작하는 index는 2와 3이다.

인덱스	0	1	2	3	4	5	6	7	8
값	A	G	T	T	T	A	T	A	G

문자열에서 특정 문자 개수 세기

문자열 변수 seq에 "AGTTTATAG"가 담겨 있다. seq에서 A, C, G, T가 출현하는 횟수를 출력하는 프로그램을 작성하시오.

출력 34 | #034-1.py 출력 결과

```
A: 3
C: 0
G: 2
T: 4
```

#034-2.py 출력 결과

```
A: 3
G: 2
T: 4
```

답안 34 | #034-1.py

```python
seq = "AGTTTATAG"
A = seq.count("A")
C = seq.count("C")
G = seq.count("G")
T = seq.count("T")

print("A:", A)
print("C:", C)
print("G:", G)
print("T:", T)
```

#034-2.py

```python
seq = "AGTTTATAG"
count_dic = {}

for s in seq:
    # 문자가 사전에 있다면 key에 해당하는 숫자를 1 올려준다.
    if s in count_dic:
        count_dic[s] += 1
    else: # 문자가 사전에 없다면 새로운 key의 값을 1로 등록한다.
        count_dic[s] = 1

for k, v in count_dic.items():
    print("%s: %s" % (k, v))
```

파이썬 문자열에서 특정 문자 개수를 세는 방법은 여러 가지인데 본서에서는 2가지 방법을 소개할 것이다.

첫째, 문자열의 count( ) 메서드를 사용하는 방법이다. 문자열에 간단히 count( ) 메서드로 원하는 문자를 넣어주면 바로 원하는 문자의 출현 빈도를 세어준다.

둘째, 파이썬의 사전을 이용하여 세는 방법이다. for문을 사용하여 문자열에서 문자를 하나씩 꺼내며 사전에 key가 있는지 확인한다. key가 있다면 key에 해당하는 숫자를 1 올려준다. key가 없다면 key와 key에 해당하는 값을 1로 하여 사전에 등록한다.

둘 다 좋은 방법이지만 두 번째 방법은 특별한 장점이 있다. 미리 어떤 문자를 세어야 할지 모른다면 두 번째 방법이 낫다. 예를 들어 아미노산 서열의 경우, 서로 다른 20개 문자가 있는데 첫 번째 방법처럼 진행하면 20개 아미노산 문자를 모두 0으로 초기화하고 세어야 한다.

또는 어떤 문서에 있는 모든 단어의 출현 빈도를 셀 때 어떤 단어가 나올지 알 수 없어 매우 난감한 경우가 발생하므로 출현 빈도를 셀 때 어떤 단어가 나올지 알 수 없다면 034-2.py처럼 사전을 이용하길 권한다.

문항 35 **문자열에서 특정 문자를 다른 문자로 교체하기**
문자열 변수 seq에 "AGTTTATAG"가 담겨 있다. 문자열 seq에서 문자 T를 U로 모두 바꾸는 프로그램을 작성하시오.

출력 35 **AGUUUAUAG**

답안 35

```
#035-1.py

seq = "AGTTTATAG"
print(seq.replace("T", "U"))
```

```
#035-2.py

from Bio.Seq import Seq

seq = Seq("AGTTTATAG")
print(seq.transcribe())
```

해설 35 ....

파이썬에서 문자열 내부의 특정 문자를 다른 문자로 바꾸려면 replace( ) 메서드를
사용하면 된다. 사용 방법은 다음과 같다.

```
문자열.replace("바뀌기 전 문자", "바꾼 후 문자")
```

035-1.py에서 파이썬 문자열의 replace( ) 메서드를 사용하여 T를 U로 바꾸었다.
이것은 생물학적으로 의미 있는 프로세스로 DNA(DeoxyriboNucleic Acid)에서
RNA(RiboNucleic Acid)가 되는 전사(transcribe) 과정이다.

035-2.py에서는 바이오파이썬의 Seq 객체에서 transcribe( ) 메서드를 사용하여
DNA 서열을 RNA 서열로 바꾸었다. Seq 객체에 대해서는 섹션 1의 4장에서 만날
수 있다.

문자열에서 단어 개수 세기

다음 문자열에서 단어 개수를 세는 프로그램을 작성하시오.

```
Welcome to the Bioinformatics World!
```

출력 36 | 5

답안 36

```
#036.py

s = "Welcome to the Bioinformatics World!"
arr = s.split()
print(len(arr))
```

해설 36

파이썬 문자열 중 split( ) 메서드는 메서드 인자로 들어간 문자를 기준으로 문자열을 나누어 리스트로 반환한다. 만약 메서드 인자가 안 들어간다면 기본적으로 공백, 탭과 같은 문자인 white space를 기준으로 나누어 리스트로 반환한다.

문항 36의 경우, 단어 개수를 세는 문항으로 단어는 공백을 기준으로 구분되기 때문에 공백을 기준으로 문자열을 나누었다. 변수 s에 담긴 문자열은 공백을 기준으로 나누었고 반환된 리스트는 arr라는 변수에 넣었다. 리스트 arr의 개수를 내장 함수 len( )으로 세면 단어 개수를 셀 수 있다.

● 2.2 숫자

문항 37

주어진 수의 제곱근 구하기

144의 제곱근을 구하는 프로그램을 작성하시오.

출력 37 | 12.0

```
#037-1.py

import math

n = 144
print(math.sqrt(144))
```

```
#037-2.py

import math

n = 144
print(math.pow(144, 0.5))
```

```
#037-3.py

n = 144
print(n**0.5)
```

해설 37

파이썬에서 어떤 숫자의 제곱근을 구하는 방법은 여러 가지인데 본서에서는 3가지 방법을 알아보겠다.

첫째, 파이썬 내장 라이브러리인 math를 사용하였다. math.sqrt( ) 메서드에 값을 넣으면 넣은 숫자의 제곱근값이 나온다.

두 번째 방법도 파이썬 내장 라이브러리인 math를 사용하는 것이다. math.pow( ) 메서드를 사용하였는데 math.pow( ) 메서드에는 2가지 인자가 들어간다. 첫 번째 인자는 밑(곱하는 수)이고 두 번째 인자는 지수(곱해진 개수)이다. 문항 37을 보면 밑을 144로 넣고 지수를 0.5로 하면 144라는 제곱근값을 얻게 된다.

마지막 세 번째 방법은 ** 연산자를 사용하는 것이다. 이 방법은 두 번째 방법에서 본 math.pow( ) 메서드와 같다. ** 연산자는 파이썬에서 제곱을 의미하므로 144**0.5를 연산하면 144라는 제곱근값을 얻을 수 있다.

문항 38 **주어진 수의 절댓값 구하기**

주어진 수 10과 −15의 절댓값을 구하는 프로그램을 작성하시오.

출력 38
```
10
15
```

답안 38
```
#038-1.py

print(abs(10))
print(abs(-15))
```

```
#038-2.py

def get_absolute(n):
    if n >= 0:
        return n
    else:
        return -n
print(get_absolute(10))
print(get_absolute(-15))
```

해설 38

파이썬에서 절댓값을 구하는 방법은 2가지다. 내장함수를 사용하는 방법과 절댓값을 직접 구하는 방법이다. 2가지 경우를 나누어 알아보자.

첫 번째 방법은 절댓값을 구해주는 파이썬 내장함수인 abs( )를 사용하는 것이다. abs( )에는 숫자형 인자 1개가 들어가는데 들어가는 숫자의 절댓값이 반환되어 나온다.

두 번째 방법은 절댓값을 직접 구하는 것이다. 038-2.py를 보면 get_absolute(n)으로 함수를 직접 작성하였다. 함수 내부에는 if-else로 함수에 입력된 n값이 양수인지 음수인지 판단하는 부분이 있다. n이 양수라면 그대로 n이 반환되고 음수라면 −n이 반환된다. 두 번째 방법에서 내장함수를 사용하지 않고 간단히 원하는 결과를 만들어보았다.

문항 39	주어진 수의 로그값 구하기
	밑이 10인 로그 2의 값을 구하는 프로그램을 작성하시오.

출력 39	0.301030

답안 39	#039.py
	import math
	print(math.log10(2))

해설 39

파이썬에서 로그값을 구하기 위해 파이썬 내장 라이브러리인 math를 사용하였다. math에는 math.log10( )의 메서드가 있는데 이 메서드를 사용하면 밑이 10인 로그를 구할 수 있다.

문항 40	주어진 수의 자연로그값 구하기
	밑이 e인 자연로그 2의 값을 구하는 프로그램을 작성하시오.

출력 40	0.693147

답안 40	#040.py
	import math
	print(math.log(2))

해설 40

이번 문항은 문항 39와 비슷하게 로그를 계산하는 문항인데 파이썬에서 로그값을 구하기 위해 마찬가지로 파이썬 내장 라이브러리인 math를 사용하였다.

math에는 math.log( )의 메서드가 있는데 이 메서드를 사용하면 밑이 e인 자연로그를 구할 수 있다. 기본적으로 math.log( )는 밑이 e인 자연로그를 계산하는 메서드이고 math.log10( )은 밑이 10인 로그를 계산해준다.

문항 41	밑이 다른 로그값 구하기
	밑이 3인 로그 81의 값을 구하는 프로그램을 작성하시오.

출력 41	4.0

답안 41	#041.py
	import math
	print(math.log(81,3))

해설 41

이전 문항인 문항 40번과 41번에서 밑이 10인 로그와 밑이 e인 자연로그를 계산해보았다. 현실 세계에서는 자연로그가 많이 쓰이지만 밑이 다른 숫자의 로그를 계산해야 할 때도 있다. 이를 위해 파이썬 내장 라이브러리인 math의 math.log( ) 메서드를 사용한다. 문항 40번처럼 메서드에 인자를 1개만 넣으면 자동적으로 밑이 e인 자연로그가 계산되지만 인자를 2개 넣으면 두 번째 인자가 밑의 역할을 하게 된다. 그래서 math.log(81, 3)의 경우, 밑이 3이고 진수가 81인 로그를 계산하게 된다.

문항 42	주어진 수의 반올림값 구하기 – 실수
	62.77779의 소수 셋째 자리에서 반올림한 값을 출력하는 프로그램을 작성하시오.

출력 42	62.78

답안 42	#042.py
	`print(round(62.77779, 2))`

해설 42

파이썬에서 실수 형태의 숫자를 반올림하려면 내장함수 round( )를 사용하면 된다. round( ) 함수에는 2개 인자가 들어가는데 첫 번째에는 반올림할 숫자, 두 번째에는 반올림할 단위를 입력해준다. 문항에서는 소수 셋째 자리에서 반올림한 값이라고 하였으니 결과적으로 소수 두 자리가 남는다. 그래서 반올림할 단위에 2를 넣어주면 된다.

문항 43	주어진 수의 반올림값 구하기 – 정수
	78654의 백 자리에서 반올림한 값을 출력하는 프로그램을 작성하시오.

출력 43	79000

답안 43	#043.py
	`print(round(78564, -3))`

해설 43

소수점이 포함된 숫자의 반올림을 문항 42번에서 파이썬 내장함수 round( )를 사용하여 구하였다. 정수의 반올림도 파이썬 내장함수 round( )를 사용하여 구하면 된다.

round( ) 함수의 첫 번째 인자는 반올림할 숫자, 두 번째는 반올림할 단위라고 하였다. 이번 문항에서는 백 자리에서 반올림하는 것이 목표인데 백 자리는 일, 십, 백으로 세면 세 번째 자리 수다. 그래서 round( ) 함수의 두 번째 인자로 −3을 넣으면 백 자리에서 반올림할 수 있다.

분석 데이터를 다루다 보면 종종 소수점이나 정수의 특정 자리까지 잘라 표기해야 할 경우가 많다. 이럴 때 문항 42번과 43번처럼 파이썬 내장함수 round( )를 사용하면 간단히 원하는 목적을 이룰 수 있다.

문항 44	난수 만들기
	1~45 사이에서 무작위로 6개 숫자를 만드는 프로그램을 작성하시오.

출력 44	34
	30
	13
	8
	29
	21

답안 44	

```
#044.py

from random import randint

for i in range(6):
    print(randint(1, 45))
```

```
#044-2.py

from random import randrange

for i in range(6):
    print(randrange(1,45+1))
```

해설 44

숫자를 무작위로 만드는 방법은 여러 가지다. 파이썬 내장 라이브러리인 random

에서 무작위 숫자를 만드는 2가지 메서드에 대해 알아볼 것이다.

첫 번째는 random.randint( ) 메서드를 사용하는 방법이다. random.randint( ) 메서드는 2가지 인자를 받는데 첫 번째로 들어가는 인자를 a, 두 번째로 들어가는 인자를 b라고 하면 a와 b를 포함한 영역에서 무작위로 숫자 하나를 만들어준다.

두 번째는 random.randrange( ) 메서드를 사용하는 방법이다. random.randrange( ) 메서드도 2가지 인자를 받는데 첫 번째로 들어가는 인자를 a, 두 번째로 들어가는 인자를 b라고 하면 a 포함 b-1을 포함한 영역에서 무작위로 숫자 하나를 만들어준다.

문항 45	로또 번호 생성기
	문항 44번을 참고하여 로또 번호 생성기 프로그램을 작성하시오. 로또 번호는 숫자 1~45 중 중복되지 않는 6개 숫자로 만들어지고 숫자가 서로 겹치지 않는다는 점에 주의하시오.

출력 45	2 7 12 33 41 44

답안 45	

```
#045.py

from random import randint

arr_lotto = []

for i in range(6):
    n = randint(1, 45)
    if n not in arr_lotto:
        arr_lotto.append(n)
```

```
for i in sorted(arr_lotto):
    print(i)
```

문항 44번에서 살펴본 1~45까지 무작위로 번호를 만드는 방법을 응용하여 6개 숫자가 겹치지 않도록 번호를 만든다. 우선 만들어진 번호를 담을 arr_lotto 변수 리스트를 만들고 randint( ) 메서드로 1~45 사이의 번호를 만든 후, arr_lotto 리스트 내부에 만들어진 번호가 겹치는지 확인하는 과정을 논리로 짠 것이 if n not in arr_lotto: 부분이다.

"숫자 n이 arr_lotto에 들어 있지 않다면"이라는 의미다. 이렇게 arr_lotto에 1~45 까지 겹치지 않는 6개 숫자를 만들었다.

참고로 출력하는 부분에서 sorted( ) 내장함수를 사용한 것은 배열을 오름차순으로 정렬하기 위해서다. 파이썬 리스트 문항을 할 때 다시 다루겠다.

문항 46	문자열에서 숫자만 골라내기
	해킹에 의해 DNA 서열에 무작위로 숫자가 삽입되어버렸다.

```
11A2TG3TT000AT1A2G
```

숫자를 제거하여 원래 DNA 서열로 복구하는 프로그램을 작성하시오.

출력 46	ATGTTATAG

답안 46	#046-1.py
	seq = "11A2TG3TT000AT1A2G"

```
new_seq = ""

for s in seq:
    if s.isalpha():
        new_seq += s

print(new_seq)
```

```
#046-2.py

import re
seq = "11A2TG3TT000AT1A2G"
match = re.findall(r'[a-zA-Z]', seq)

if match:
    print(''.join(match))
```

해설 46

파이썬 문자열에서 알파벳만 골라내는 방법 중 2가지를 알아보겠다.

첫 번째 방법은 046-1.py 방법이다. 문자열의 isalpha( ) 메서드를 사용하여 문자와 숫자를 구분하는 방법이다. 문자열의 isalpha( ) 메서드는 해당 문자가 문자인지 숫자인지 구별해주는 메서드다. 다음의 간단한 예로 이해를 돕겠다.

```
>>>s = "a"
>>>print(type(s))
<class 'str'>
>>>print(s.isalpha())
True
```

```
>>>s = "1"
>>>print(type(s))
<class 'str'>
>>>print(s.isalpha())
False
```

문자열 "a"와 "1"은 모두 내장함수 type( )으로 출력해보면 str인 문자열로 나온다. 둘 다 문자는 맞지만 a는 알파벳이고 1은 숫자이므로 이 둘을 구별하고 싶다. 그래서 문자열 메서드의 isalpha( )를 사용하면 문자는 True로, 숫자는 False로 나오게 된다. 이렇게 나오는 불리언을 if문으로 구별해 문자만 가져올 수 있다.

두 번째 방법은 046-2.py 방법이다. 정규 표현식을 사용하여 문자만 가져오는 방법이다. 정규 표현식은 파이썬뿐만 아니라 다른 여러 프로그래밍 언어들에서도 지원하는 표현식으로 문자들의 규칙을 제대로 찾아낼 수 있다.

파이썬에서 정규 표현식을 사용하려면 파이썬 내장 라이브러리인 re를 import해야 한다. re.findall( ) 메서드에 첫 번째 인자로 정규 표현식 r'[a-zA-Z]'을 넣고 두 번째 인자로 문자열을 넣으면 넣어준 문자열에서 문자만 가져올 수 있다.

● 2.3 리스트

문항 47	리스트 길이 구하기

다음 두 리스트가 있다.

```
a = [3, 5, 2, 1, 4]
b = [8, 10, 7, 6, 9]
```

두 리스트의 길이를 구하는 프로그램을 작성하시오.

출력 47	5 5

답안 47	#047.py

```
a = [3, 5, 2, 1, 4]
b = [8, 10, 7, 6, 9]
```

```
print(len(a))
print(len(b))
```

해설 47

리스트 길이를 구하려면 파이썬 내장함수 len( )을 사용하면 된다. len( ) 함수로 문자열 길이를 구한다고 앞에서 학습하였는데 내장함수 len( )에 리스트를 넣으면 그 길이가 반환되어 나온다.

문항 48 | **리스트의 n번째 출력하기**

다음 두 리스트가 있다.

```
a = [3, 5, 2, 1, 4]
b = [8, 10, 7, 6, 9]
```

두 리스트에서 두 번째 인덱스 값을 구하는 프로그램을 작성하시오.

출력 48 | 5
10

답안 48 | #048.py

```
a = [3, 5, 2, 1, 4]
b = [8, 10, 7, 6, 9]

print(a[1])
print(b[1])
```

해설 48

파이썬 리스트에서 인덱싱하려면 리스트에 대괄호로 인덱스 번호를 넣으면 된다. 이것은 문자열에서 본 방법과 같다. 또한 파이썬에서는 인덱스 번호가 0부터 시작

하므로 문항에서 요구하는 두 번째 인덱스를 가져오려면 인덱스 번호로 1을 넣어
주면 된다.

인덱스	0	1	2	3	4
리스트 a	3	5	2	1	4
리스트 b	8	10	7	6	9

문항 49 리스트 슬라이싱하기

다음 두 리스트가 있다.

```
a = [3, 5, 2, 1, 4]
b = [8, 10, 7, 6, 9]
```

각 리스트의 2~4번째까지 요소들을 출력하는 프로그램을 작성하시오.

출력 49 [5, 2, 1]
[10, 7, 6]

답안 49 #049.py

```
a = [3, 5, 2, 1, 4]
b = [8, 10, 7, 6, 9]

print(a[1:4])
print(b[1:4])
```

해설 49

파이썬의 리스트를 슬라이싱하는 방법은 다음과 같다.

리스트[start:end:step]

시작 지점, 끝 지점, 단계(step)를 넣어주면 된다. 단계를 넣어주지 않으면 기본값으로 1이 들어간다. 문항에서는 두 리스트의 2~4번째까지 출력하는 것이 목적으로 리스트[1:4]로 슬라이싱하면 원하는 결과를 얻을 수 있다. 끝 지점으로 넣어주는 값보다 하나 index 전 값이 들어간다는 점에 유의해 슬라이싱을 진행하자.

인덱스	0	1	2	3	4
리스트 a	3	5	2	1	4
리스트 b	8	10	7	6	9

문항 50 리스트를 건너뛰며 슬라이싱하기
다음 두 리스트가 있다.

```
a = [3, 5, 2, 1, 4]
b = [8, 10, 7, 6, 9]
```

리스트 a가 1, 3, 5번째 인덱스값을 출력하고 리스트 b가 2, 4번째 인덱스값을 출력하는 프로그램을 작성하시오.

출력 50 [3, 2, 4]
[10, 6]

답안 50 #050.py

```
a = [3, 5, 2, 1, 4]
b = [8, 10, 7, 6, 9]

print(a[::2])
print(b[1::2])
```

문항 49번에서도 알아보았듯이 파이썬 리스트를 슬라이싱하는 방법은 다음과
같다.

리스트[start:end:step]

step의 경우, 아무 값도 안 넣어주면 기본적으로 1이 들어간다. 이번 문항에서는
1, 3, 5번째 인덱스와 2, 4번째 인덱스를 넣어주는 것으로 두 칸씩 건너뛰어야 하
므로 step에 2를 넣어준다.

또한 050.py를 살펴보면 a[::2]나 b[1::2]처럼 콜론 사이에 아무 값도 넣어주지 않
았는데 이렇게 아무 값도 안 넣으면 시작 지점은 리스트의 맨 첫 부분이 기본값으
로 들어가고 끝 지점은 리스트의 맨 마지막 부분이 기본값으로 들어간다.

인덱스	0	1	2	3	4
리스트 a	3	5	2	1	4
리스트 b	8	10	7	6	9

문항 51	리스트를 거꾸로 뒤집기

다음 두 리스트가 있다.

```
a = [3, 5, 2, 1, 4]
b = [8, 10, 7, 6, 9]
```

리스트 a가 순서를 뒤집어 모든 요소를 출력하고 리스트 b가 순서를 뒤
집어 홀수번째 인덱스(1, 3, 5)만 출력하는 프로그램을 작성하시오.

출력 51	[4, 1, 2, 5, 3] [9, 7, 8]

답안 51

```
#051.py

a = [3, 5, 2, 1, 4]
b = [8, 10, 7, 6, 9]

print(a[::-1])
print(b[::-2])
```

해설 51

파이썬에서 리스트 순서를 뒤집어 출력하는 방법은 슬라이싱의 step값으로 −1을 넣어주는 것이다. 답안 51에서도 보듯이 리스트 a에서 a[::−1]을 하면 리스트의 모든 요소를 뒤집어 출력할 수 있다.

리스트 b의 경우, 리스트를 뒤집고 한 요소씩 건너뛰어 출력하는 것이다. 리스트 b에서 b[::−2]를 하면 리스트 요소의 순서를 뒤집고 두 칸씩 건너뛰어 출력할 수 있다.

문항 52 | **리스트 오름차순 정렬하기**

다음 두 리스트가 있다.

```
a = [3, 5, 2, 1, 4]
b = [8, 10, 7, 6, 9]
```

리스트 a와 b를 오름차순으로 정렬하여 출력하는 프로그램을 작성하시오.

출력 52 | [1, 2, 3, 4, 5]
[6, 7, 8, 9, 10]

답안 52 | #052.py

```
a = [3, 5, 2, 1, 4]
```

```
b = [8, 10, 7, 6, 9]

print("sorted(a)")
print(sorted(a))
print("a")
print(a)

print("")
b.sort()
print("b.sort()")
print(b)
```

파이썬에서 리스트를 오름차순으로 정렬하는 방법은 여러 가지다. 본서에서는 오름차순으로 정렬하는 2가지 방법에 대해 알아보겠다.

첫 번째 방법은 sorted( ) 내장함수를 사용하는 것이다. sorted( ) 내장함수 안에 정렬할 리스트를 넣으면 정렬된 리스트가 반환되어 나온다. 즉 원 리스트가 들어 있던 변수는 정렬되는 것이 아니라 정렬된 리스트가 나온다는 말이다.

두 번째 방법은 리스트의 sort( ) 메서드를 사용하는 것이다. 리스트의 sort( ) 메서드를 사용하면 변수 안에 있는 리스트 자체를 정렬하여 변수에 저장하는 방식이다. 그래서 052.py의 실행 결과를 살펴보면 sorted(a)의 출력 결과는 정렬된 리스트가 출력되었지만 리스트 a를 재출력해보면 정렬되기 전 그대로의 결과를 담고 있는 것을 확인하였다.

반면, 리스트 메서드 b.sort( )를 실행한 후, 리스트 b를 출력해보면 정렬된 것을 확인할 수 있다.

리스트 내림차순 정렬하기

다음 두 리스트가 있다.

```
a = [3, 5, 2, 1, 4]
b = [8, 10, 7, 6, 9]
```

리스트 a와 b를 내림차순으로 정렬하여 출력하는 프로그램을 작성하시오.

```
sorted(a)
[5, 4, 3, 2, 1]
a
[3, 5, 2, 1, 4]
b.sort()
[10, 9, 8, 7, 6]
```

```python
#053.py

a = [3, 5, 2, 1, 4]
b = [8, 10, 7, 6, 9]

print("sorted(a)")
print(sorted(a, reverse=True))
print("a")
print(a)

print("")
b.sort(reverse=True)
print("b.sort()")
print(b)
```

해설 53

파이썬에서 리스트를 내림차순으로 정렬하려면 내장함수 sorted( )와 리스트 메서드 sort( )에 키워드 인자인 reverse=True를 넣어주면 된다. 기본적으로 reverse =False로 설정되어 있어 정렬하면 오름차순으로 정렬된다.

reverse=True를 넣으면 오름차순의 반대인 내림차순으로 정렬할 수 있게 된다.

리스트에 요소 추가하기

다음 리스트가 있다.

```
a = ["Leu", "Met", "Thr"]
```

리스트에 "Lys"를 추가한 후, 리스트를 출력하는 프로그램을 작성하시오.

```
a = ['Leu', 'Met', 'Thr', 'Lys']
```

```
#054-1.py

a = ["Leu", "Met", "Thr"]
a.append("Lys")

print(a)
```

```
#054-2.py

a = ["Leu", "Met", "Thr"]
a += ["Lys"]

print(a)
```

해설 54

파이썬 리스트에 요소를 추가하는 방법은 여러 가지다. 본서에서는 2가지 방법을 알아보겠다.

첫 번째 방법은 리스트의 append( ) 메서드를 사용하는 것이다. 리스트 append( ) 메서드에 요소를 넣으면 리스트의 맨 마지막 위치에 요소를 추가할 수 있다.

두 번째 방법은 리스트에 += 연산자를 사용하여 다른 리스트를 추가하는 것이다. += 연산자를 사용하여 리스트에 다른 리스트를 추가하면 기존 리스트 마지막 부분에 추가된 리스트가 붙는다.

리스트의 특정 위치에 요소 추가하기

다음 리스트가 있다.

```
a = ["Leu", "Met", "Thr"]
```

리스트의 2번째 인덱스에 "Lys"를 추가한 후, 리스트를 출력하는 프로그
램을 작성하시오.

출력 55 ['Leu', 'Met', 'Thr', 'Lys']

답안 55
```
#055.py

a = ["Leu", "Met", "Thr"]
a.insert(2, "Lys")

print(a)
```

해설 55

파이썬 리스트의 특정 인덱스에 값을 추가하려면 리스트의 insert( ) 메서드를 사
용하면 된다. insert( ) 메서드의 첫 번째 인자에는 요소를 넣고 싶은 인덱스 번호,
두 번째 인자에는 넣고 싶은 요소값을 넣어주면 된다.

인덱스	0	1	2	3
값	Leu	Met	Lys	Thr

문항 56 **리스트 요소 제거하기**

다음 리스트가 있다.

```
a = ["Leu", "Met", "Thr"]
```

리스트의 2번째 인덱스에 "Met"를 제거한 후, 리스트를 출력하는 프로그램을 작성하시오.

출력 56 ["Leu", "Thr"]

답안 56

```
#056-1.py

a = ["Leu", "Met", "Thr"]
a.remove("Met")

print(a)

#056-2.py

a = ["Leu", "Met", "Thr"]
idx = a.index("Met")
a.pop(idx)

print(a)
```

해설 56

파이썬에서 리스트의 특정 요소를 제거하는 방법은 여러 가지다. 본서에서는 2가지 방법을 알아보겠다.

첫 번째 방법은 리스트의 remove( ) 메서드를 사용하는 것이다. 리스트 remove( ) 메서드에 제거할 요소값을 넣어주면 리스트에서 제거된다. 만약 요소값이 겹친다면 어떤 결과가 나올까? 다음 예시를 살펴보자.

```
>>>a = ["Leu", "Met", "Thr", "Met", "Met"]
>>>print(a)
['Leu', 'Met', 'Thr', 'Met', 'Met']

>>>a.remove("Met")
>>>print(a)
['Leu', 'Thr', 'Met', 'Met']
```

바이오파이썬으로 만나는 생물정보학

```
>>>a.remove("Met")
>>>print(a)
['Leu', 'Thr', 'Met']
```

만약 제거할 요소값이 리스트 내부에 겹치는 값으로 있다면 리스트 인덱스가 맨 앞에 있는 요소부터 제거된다.

두 번째 방법은 리스트의 pop( ) 메서드를 사용하는 것이다. 리스트의 pop( ) 메서드는 인자로 리스트에서 제거할 인덱스 번호를 받는다. 056-2.py 파일을 보면 리스트의 index( ) 메서드로 제거할 요소가 있는 인덱스 번호를 찾아낸 후, 찾은 인덱스 번호를 pop( ) 메서드에 넣어 리스트에서 제거하였다.

문항 57	리스트의 특정 요소 개수 세기

다음 리스트가 있다.

```
a = ["Leu", "Met", "Thr", "Thr", "Met", "Met"]
```

리스트에서 "Met"의 개수를 세어 출력하는 프로그램을 작성하시오.

출력 57	3

답안 57	#057-1.py

```
a = ["Leu", "Met", "Thr", "Thr", "Met", "Met"]

print(a.count("Met"))
```

#057-2.py

```
a = ["Leu", "Met", "Thr", "Thr", "Met", "Met"]

count = 0

for s in a:
    if s == "lake":
        count += 1

print(count)
```

파이썬에서 리스트 내부 요소에서 원하는 요소 개수를 세는 2가지 방법을 알아보겠다.

첫 번째 방법은 리스트의 count( ) 메서드를 활용하는 것이다. 리스트의 count( ) 메서드에 원하는 요소를 넣으면 리스트 내부에서 개수를 세어준다.

두 번째 방법은 for문으로 리스트의 각 요소를 탐색하며 if문으로 원하는 요소의 개수를 세는 것이다.

문항 58	**리스트 내부의 최댓값 구하기**
	다음 리스트가 있다.

```
a = [3, 5, 2, 1, 4]
```

리스트 a의 내부 요소들 중 최댓값을 출력하는 프로그램을 작성하시오.

출력 58	5

답안 58

```
#058-1.py

a = [3, 5, 2, 1, 4]

print(max(a))
```
```
#058-2.py

a = [3, 5, 2, 1, 4]

max_val = a[0]

for i in range(1,len(a)):
    if max_val < a[i]:
        max_val = a[i]

print(max_val)
```

해설 58

파이썬에서 리스트 내부 요소에서 최댓값을 찾는 2가지 방법을 알아보겠다.

첫 번째 방법은 파이썬 기본 함수인 max( ) 함수를 사용하는 것이다. max( ) 함수에 리스트를 인자로 넣으면 최댓값을 얻을 수 있다.

두 번째 방법은 for문을 사용하여 리스트 내부 요소에 접근하여 최댓값을 찾는 것이다. 058-2.py를 보면 리스트의 맨 앞에 있는 값을 max_val이라는 최댓값을 담는 변수에 넣은 후, 두 번째 요소부터 for문으로 접근하며 max_val에 담긴 값보다 큰지 작은지 판단한다.

리스트 내부의 최솟값 구하기

다음 리스트가 있다.

```
a = [3, 5, 2, 1, 4]
```

리스트 a의 내부 요소들 중 최솟값을 출력하는 프로그램을 작성하시오.

출력 59 | 1

답안 59

```python
#059-1.py

a = [3, 5, 2, 1, 4]

print(min(a))
```

```python
#059-2.py

a = [3, 5, 2, 1, 4]

min_val = a[0]

for i in range(1,len(a)):
    if min_val > a[i]:
        min_val = a[i]

print(min_val)
```

해설 59

파이썬에서 리스트 내부 요소에서 최솟값을 찾는 2가지 방법을 알아보겠다.

첫 번째 방법은 파이썬 기본 함수인 min( ) 함수를 사용하는 것이다. min( ) 함수에 리스트를 인자로 넣으면 최솟값을 얻을 수 있다.

두 번째 방법은 for문을 사용하여 리스트 내부 요소에 접근하여 최솟값을 찾는 것이다. 059-2.py를 보면 리스트의 맨 앞에 있는 값을 min_val이라는 최솟값을 담는 변수에 넣은 후, 두 번째 요소부터 for문으로 접근하며 min_val에 담긴 값보다 작은지 판단한다.

문항 58번과 비슷한 논리이므로 쉽게 생각할 수 있지만 프로그래밍을 잘하려면 직접 결과까지 만들어보는 것이 중요하다.

문항 60	리스트 내부의 모든 요소 합 구하기
	다음 리스트가 있다.

```
a = [3, 5, 2, 1, 4]
```

리스트 a의 내부 요소들의 모든 합을 구하는 프로그램을 작성하시오.

출력 60	15

답안 60	#060-1.py

```
a = [3, 5, 2, 1, 4]

sum_val = sum(a)

print(sum_val)
```

```
#060-2.py

a = [3, 5, 2, 1, 4]

sum_val = 0

for i in a:
    sum_val += i

print(sum_val)
```

파이썬에서 리스트 내부 요소들의 합을 구하는 2가지 방법을 알아보겠다.

첫 번째 방법은 파이썬 내장함수인 sum( )을 이용하는 것이다. sum( )의 인자로 리스트를 넣어주면 리스트의 모든 요소를 합한 값을 반환해준다.

두 번째 방법은 for문을 사용하는 것이다. 변수 sum_val을 0으로 초기화시키고 for문으로 리스트 요소들을 하나씩 순환하며 sum_val에 더해주면 리스트의 모든 요소를 합한 결과가 된다.

문항 61	**리스트 내부의 모든 요소 평균 구하기** 다음 리스트가 있다.

```
a = [3, 5, 2, 1, 4]
```

리스트 a의 내부 요소들의 평균을 구하는 프로그램을 작성하시오.

출력 61	3.0

답안 61	#061.py a = [3, 5, 2, 1, 4] sum_val = sum(a) print(sum_val/len(a))

평균은 주어진 숫자들의 합을 숫자 개수로 나눈 값을 말한다. 파이썬 리스트의 평균을 구하려면 문항 60번에서 다룬 리스트 내부 요소들의 합을 구해 리스트 내부 요소 개수로 나누면 된다.

문항 62	문자열의 특정 구분자를 기준으로 리스트 만들기

세미콜론으로 구분된 다음 문자열이 있다.

```
s = "a;b;c;d;e"
```

세미콜론을 기준으로 문자열을 나누어 리스트로 출력하는 프로그램을
작성하시오.

출력 62	['a', 'b', 'c', 'd', 'e']

답안 62	#062.py s = "a;b;c;d;e" arr = s.split(";") print(arr)

해설 62

문자열을 특정 구분자로 나누어 리스트로 반환하기 위해 문자열 메서드 split( )을
활용하는 방법이다. 문항 36번에서는 공백을 기준으로 나누었으며 이번 문항에서
는 특정 구분자인 세미콜론을 기준으로 문자열을 나누었다.

문자열 메서드 split( ) 내부에 나누고 싶은 구분자를 넣어주면 구분자를 기준으로
리스트가 반환되어 나온다.

문항 63	리스트를 특정 구분자 기준으로 문자열 만들기

다음 리스트가 있다.

```
['a', 'b', 'c', 'd', 'e']
```

주어진 리스트에서 구분자 세미콜론을 기준으로 하나로 합친 문자열로 만드는 프로그램을 작성하시오.

출력 63	a;b;c;d;e

| 답안 63 | ```
#063.py

arr = ['a', 'b', 'c', 'd', 'e']

s = ";".join(arr)

print(s)
``` |
|---|---|

해설 63

리스트를 하나의 문자열로 합치려면 문자열 메서드를 사용해야 한다. 여기서는 구분자 세미콜론을 기준으로 리스트 요소들을 하나의 문자열로 합치는 것이 목적이다. 그래서 세미콜론을 문자열로 만들기 위해 따옴표로 감싸고 문자열 join( ) 메서드에 리스트를 집어넣어 하나의 문자로 만들었다.

문항 63번에서 다룬 내용은 이전 문항 62번에서 다룬 내용의 역과정이라고 할 수 있다.

문항 64	**리스트 섞기** 다음 리스트가 있다. `a = [1, 2, 3, 4, 5]` 리스트 a의 내부 요소들을 섞는 프로그램을 작성하시오.

출력 64	[2, 4, 1, 3, 5]
```

```
#064.py

from random import shuffle

a = [1, 2, 3, 4, 5]

shuffle(a)

print(a)
```

해설 64

파이썬 random.shuffle( ) 메서드에 리스트를 넣으면 섞인 리스트를 반환하는 것이 아니라 해당 리스트 자체를 무작위로 섞어준다.

● 2.4 사전

문항 65 **파이썬 사전 형태 알아보기**

파이썬의 사전 형태는 키(key)와 값(value)으로 이루어진 데이터 구조다. 다음은 3가지 아미노산의 약자를 키로 가지고 값은 아미노산 약자에 따른 아미노산 기호를 가진 사전이다.

```
d = {'Leu': 'L', 'Met': 'M', 'Ser': 'S'}
```

예로 든 사전 형태를 입출력하는 프로그램을 작성하시오.

출력 65 {'Leu': 'L', 'Met': 'M', 'Ser': 'S'}

답안 65

```
#065.py

d = {"Leu": "L", "Met": "M", "Ser": "S"}

print(d)
```

변수 d에는 파이썬 사전형 데이터가 들어 있다. 사전형의 각 요소들은 쉼표로 구분되어 있다. 그래서 변수 d의 길이를 출력하면 3이 나온다.

```
>>> d = {"Leu": "L", "Met": "M", "Ser": "S"}
>>> print(len(d))
3
```

사전의 각 요소들을 정리하면 다음과 같다.

키	값
Leu	L
Met	M
Ser	S

파이썬 사전에는 주의해야 할 특징이 하나 있다. 바로 키가 중복되지 않는다는 점이다. 반면, 값은 중복되더라도 상관없다. 또한 키에 들어갈 수 있는 데이터 형은 문자열, 숫자 등이며 리스트나 사전은 키로 등록할 수 없다.

문항 66 | **사전 만들기**

다음 키-값 테이블을 참고하여 파이썬 사전형 데이터에 테이블을 저장하고 출력하는 프로그램을 작성하시오.

키	값
Leu	L
Met	M
Ser	S

출력 66 | {'Leu': 'L', 'Met': 'M', 'Ser': 'S'}

```
#066-1.py

d = {"Leu": "L", "Met": "M", "Ser": "S"}

print(d)
```

```
#066-2.py

d = {}

key_list = ["Leu", "Met", "Ser"]
value_list = ["L", "M", "S"]

for i in range(len(key_list)):
    d[key_list[i]] = value_list[i]

print(d)
```

해설 66

파이썬 사전을 만드는 2가지 방법을 알아보자.

첫 번째 방법은 키-값을 차례로 써주는 것이다. 066-1.py를 참고하면 변수 d에 {"Leu": "L", "Met": "M", "Ser": "S"}를 집어넣은 것을 볼 수 있다.

두 번째 방법은 키 리스트와 값 리스트가 동시에 존재하는 경우다. 리스트의 인덱스를 참조하여 리스트에서 값을 가져와 사전에 입력하였다. 066-2.py의 for문 내부 스크립트에 주목하자.

파이썬 사전에 값을 넣는 방법은 다음과 같다.

```
사전[키] = 값
```

이것은 등호 연산자로 값을 할당할 수 있을 뿐만 아니라 더하기 연산자와 같이 숫자 계산도 할 수 있다는 의미다.

사전에서 요소 제거하기

다음 사전이 있다.

```
d = {"Leu": "L", "Met": "M", "Ser": "S"}
```

사전 d에서 메티오닌(Met)을 키로 담고 있는 요소를 제거하는 프로그램
을 작성하시오.

{'Leu': 'L', 'Ser': 'S'}

#067.py

```
d = {"Leu": "L", "Met": "M", "Ser": "S"}

del d["Met"]
print(d)
```

해설 67

파이썬 사전형 데이터에서 특정 요소를 지우려면 del문을 사용하면 된다. del문 사
용법은 다음과 같다.

```
del 사전[키]
```

사전에 키값이 있는지 확인하기
다음 사전이 있다.

```
d = {"Leu": "L", "Met": "M", "Ser": "S"}
```

사전 d에서 메티오닌(Met)과 프롤린(Pro)이 들어 있는지 체크하는 프로
그램을 작성하시오.

출력 68	True False

답안 68	#068.py d = {"Leu": "L", "Met": "M", "Ser": "S"} print("Met" in d) print("Pro" in d)

해설 68

파이썬 사전 내부에 키가 들어 있는지 간단히 확인하는 방법은 in을 사용하는 것이다. 068.py와 같이 키값이 사전에 들어 있는지 in을 사용하여 확인하면 된다. 키-값 중 값은 in을 사용하여 확인할 수 없다는 점에 주의하자.

```
d = {"Leu": "L", "Met": "M", "Ser": "S"}

print("Leu" in d) # True
print("L" in d) # False
```

류신(Leu: L)이 사전에 있어서 키인 Leu를 사전에서 확인하면 True가 나오지만 값인 L을 사전에서 확인하면 False가 나온다.

문항 69	**사전을 이용하여 아미노산 서열의 종류 개수 세기** 다음 아미노산 서열을 아미노산 종류에 맞게 세어 출력하는 프로그램을 작성하시오. seq = "MLSSSMPPGGLACHADDDII"

출력 69	{'M': 2, 'L': 2, 'S': 3, 'P': 2, 'G': 2, 'A': 2, 'C': 1, 'H': 1, 'D': 3, 'I': 2}

```
#069.py

seq = "MLSSSMPPGGLACHADDDII"

d = {}

for s in seq:
    if s in d:
        d[s] += 1
    else:
        d[s] = 1

print(d)
```

해설 69

아미노산은 매우 다양해 그 종류가 20여 개에 달하므로 아미노산 서열에서 각 아미노산의 출현 빈도를 세기 위해 문자열 count( ) 메서드를 사용한다면 간결한 스크립트가 나오기 어렵다. 그래서 사전에 등록하며 세는 방법을 권한다.

우선 069.py에 빈 사전을 등록한 후, 서열에서 for문으로 아미노산을 하나씩 꺼내 사전에 등록되었는지 확인하고 등록되어 있다면 개수를 하나 올리고 등록되어 있지 않다면 1로 등록한다.

이렇게 문자 출현 빈도를 세면 사전에 등록될 키가 아무리 많더라도 간결한 코드로 마무리할 수 있다.

문항 70 **사전 키 출력하기**
다음 사전이 있다.

```
{'M': 2, 'L': 2, 'S': 3, 'P': 2, 'G': 2, 'A': 2, 'C': 1,
'H': 1, 'D': 3, 'I': 2}
```

사전에서 키만 출력하는 프로그램을 작성하시오.

출력 70	M L S P G A C H D I

답안 70	#070.py
	
	`d = {'M': 2, 'L': 2, 'S': 3, 'P': 2, 'G': 2, 'A': 2, 'C': 1,`
	`'H': 1, 'D': 3, 'I': 2}`
	
	`for k in d.keys():`
	`    print(k)`

해설 70

파이썬 사전형의 메서드 중 keys( ) 메서드는 사전 요소들 중 키 정보만 담고 있는 dict_keys 객체를 만든다. dict_keys 객체는 for문으로 하나씩 꺼낼 수 있다.

문항 71　**사전 값 출력하기**

다음 사전이 있다.

```
{'M': 2, 'L': 2, 'S': 3, 'P': 2, 'G': 2, 'A': 2, 'C': 1,
'H': 1, 'D': 3, 'I': 2}
```

사전에서 값만 출력하는 프로그램을 작성하시오.

출력 71	2 2 3 2 2 2 1 1 3 2

답안 71	#071.py d = {'M': 2, 'L': 2, 'S': 3, 'P': 2, 'G': 2, 'A': 2, 'C': 1, 'H': 1, 'D': 3, 'I': 2} for v in d.values(): print(v)

해설 71

파이썬 사전형의 메서드 중 values( ) 메서드는 사전 요소들 중 값 정보만 담고 있는 dict_values 객체를 만든다. dict_values 객체는 for문으로 하나씩 꺼낼 수 있다.

문항 72 사전 키-값 모두 출력하기

다음 사전이 있다.

```
{'M': 2, 'L': 2, 'S': 3, 'P': 2, 'G': 2, 'A': 2, 'C': 1,
'H': 1, 'D': 3, 'I': 2}
```

사전에서 키-값 쌍을 출력하는 프로그램을 작성하시오.

출력 72	M 2 L 2 S 3 P 2 G 2 A 2 C 1 H 1 D 3 I 2

| 답안 72 | #072.py

d = {'M': 2, 'L': 2, 'S': 3, 'P': 2, 'G': 2, 'A': 2, 'C': 1, 'H': 1, 'D': 3, 'I': 2}

for k, v in d.items():
    print(k, v) |

해설 72

파이썬 사전형의 메서드 중 items( ) 메서드는 사전의 요소들 중 키-값 정보를 담고 있는 dict_items 객체를 만든다. dict_items 객체는 for문으로 하나씩 꺼낼 수 있다.

문항 73 **사전 값을 기준으로 정렬하기**

다음 사전이 있다.

```
{'M': 2, 'L': 2, 'S': 3, 'P': 2, 'G': 2, 'A': 2, 'C': 1,
'H': 1, 'D': 3, 'I': 2}
```

사전에서 값을 기준으로 해서 오름차순으로 정렬하여 출력하는 프로그램을 작성하시오.

출력 73	C 1
	H 1
	M 2
	L 2
	P 2
	G 2
	A 2
	I 2
	S 3
	D 3

답안 73

```
#073.py

d = {'M': 2, 'L': 2, 'S': 3, 'P': 2, 'G': 2, 'A': 2, 'C': 1, 'H': 1, 'D': 3, 'I': 2}

d_sorted = sorted(d.items(), key=lambda v: v[1])

for k, v in d_sorted:
    print(k, v)
```

해설 73

리스트에서 2가지 정렬 방법을 학습했다. 그 중 하나가 sorted( ) 함수를 사용하는 것인데 sorted( ) 함수에는 정렬하는 기준인 key가 인자로 들어갈 수 있다.

사전형 데이터에서 items( ) 메서드는 (키, 값) 쌍을 가진 dict_items 객체를 반환한다고 배웠다. (키, 값) 쌍에서 2번째 요소, 즉 1번 인덱스가 값을 가리키므로 key=lambda v: v[1]을 하면 (키, 값) 중 값을 기준으로 sorted( ) 함수가 정렬하라고 가리키는 것이다.

어려운 내용이니 이해가 잘 안 되더라도 걱정하지 말자. 중간에 만들어지는 변수들을 출력해가면서 학습하면 잘 이해될 것이다.

● 2.5 세트

문항 74	**세트 만들기** 다음 두 리스트가 있다.

```
arr1 = ["Ala", "Phe", "Phe", "Cys", "Ala", "Gly"]
arr2 = ["Phe", "Gly", "Gly", "Val", "Val", "Phe"]
```

두 리스트로부터 2개 세트를 만들어 출력하는 프로그램을 작성하시오.

출력 74	{'Phe', 'Gly', 'Cys', 'Ala'} {'Gly', 'Val', 'Phe'}

답안 74	#074.py

```
arr1 = ["Ala", "Phe", "Phe", "Cys", "Ala", "Gly"]
arr2 = ["Phe", "Gly", "Gly", "Val", "Val", "Phe"]

s1 = set(arr1)
print(s1)

s2 = set(arr2)
print(s2)
```

해설 74

세트는 우리말로 집합형 자료의 중복이 허용되지 않는 자료형이다. 세트는 중괄호로 묶인 자료형으로 얼핏 보면 사전형과 비슷하지만 키–값 쌍으로 생기지 않고 단일 요소로 구성되어 있다.

세트를 만들고 싶다면 간단히 set( ) 함수에 리스트를 넣으면 된다. 중복이 허용되지 않으므로 074.py를 보면 리스트 내부에 겹치는 숫자들이 있더라도 만들어진 세트를 출력해보면 중복이 제거되어 요소들이 들어간 것을 확인할 수 있다.

세트 합집합 구하기

다음 두 세트가 있다.

```
s1 = {'Phe', 'Gly', 'Cys', 'Ala'}
s2 = {'Gly', 'Val', 'Phe'}
```

두 세트의 전체 영역인 합집합을 구하는 프로그램을 작성하시오.

{'Cys', 'Val', 'Gly', 'Phe', 'Ala'}

```
#075.py

s1 = {'Phe', 'Gly', 'Cys', 'Ala'}
s2 = {'Gly', 'Val', 'Phe'}

print(s1.union(s2))
```

해설 75

세트에는 합집합을 구할 수 있는 union( ) 메서드가 있다. union( ) 메서드 안에 합칠 세트를 넣으면 두 세트가 합쳐진 세트를 얻을 수 있다.

세트 교집합 구하기

다음 두 세트가 있다.

```
s1 = {'Phe', 'Gly', 'Cys', 'Ala'}
s2 = {'Gly', 'Val', 'Phe'}
```

두 세트의 공통 영역인 교집합을 구하는 프로그램을 작성하시오.

{'Gly', 'Phe'}

답안 76 #076.py

```
s1 = {'Phe', 'Gly', 'Cys', 'Ala'}
s2 = {'Gly', 'Val', 'Phe'}

print(s1.intersection(s2))
```

해설 76
.....

세트에는 교집합을 구할 수 있는 intersection( ) 메서드가 있다. intersection( ) 메
서드 안에 비교할 세트를 넣으면 두 세트의 공통 요소들을 얻을 수 있다.

문항 77 **세트 여집합 구하기**

다음 두 세트가 있다.

```
s1 = {'Phe', 'Gly', 'Cys', 'Ala'}
s2 = {'Gly', 'Val', 'Phe'}
```

세트 s1과 s2 중 세트 s1에만 해당하는 영역을 구하는 프로그램을 작성하
시오.

출력 77 {'Cys', 'Ala'}

답안 77 #077.py

```
s1 = {'Phe', 'Gly', 'Cys', 'Ala'}
s2 = {'Gly', 'Val', 'Phe'}

print(s1 - s2)
```

해설 77
.....

세트 s1과 s2 중 세트 s1에만 해당하는 영역을 구하려면 s1 세트에서 s2 세트를

빼면 된다. 077.py를 보면 s1 − s2를 수행하여 s1에만 해당하는 요소들을 출력하였다.

참고로 합집합을 구하기 위해 s1 + s2를 진행하면 다음과 같은 오류를 확인할 수 있다.

```
>>> s1 + s2
-------------------------------------------------------------
TypeError                     Traceback (most recent call last)
<ipython-input-289-1659087814e1> in <module>()
----> 1 s1 + s2

TypeError: unsupported operand type(s) for +: 'set' and 'set'
```

이렇게 오류가 나는 것은 세트 데이터형은 더하기 기호(+)에 대한 정의가 없기 때문이다. 정의가 없다는 말의 의미를 알아보겠다. dir( ) 함수를 수행해보면 다음과 같은 결과를 확인할 수 있다.

```
['__and__',
… 중략 …
 '__sub__',
 … 중략 …
 'intersection',
 … 중략 …
 'union',
 'update']
```

문항 75번과 76번에서 보았던 union과 intersection이 있다. __sub__로 나온 것이 빼기(−) 기호에 대한 정의다. 즉, __sub__가 정의되어 있기 때문에 빼기(−) 연산이 가능하다는 말이다.

그럼 더하기(+) 연산은 왜 안 된 걸까? 더하기(+) 연산은 __add__로 정의되는데 세트 데이터형에는 __add__가 없기 때문이다.

문항 78	튜플 만들기

다음은 우리 몸 안에서 합성할 수 없어 반드시 섭취해야 하는 8가지 필수 아미노산 리스트다.

```
essential_aminoacids = ["Val", "Leu", "Ile", "Met",
"Thr", "Lys", "Phe", "Trp"]
```

다음 리스트를 튜플로 바꾸는 프로그램을 작성하시오.

출력 78	('Val', 'Leu', 'Ile', 'Met', 'Thr', 'Lys', 'Phe', 'Trp')

답안 78	#078.py

```
essential_aminoacids = ["Val", "Leu", "Ile", "Met", "Thr", "Lys", "Phe", "Trp"]
t = tuple(essential_aminoacids)

print(t)
```

해설 78

리스트를 튜플로 변환하려면 내장함수 tuple( )을 사용하면 된다. 또한 처음부터 튜플을 정의할 수 있는데 그 방법은 다음과 같다.

```
>>>t1 = ("Val", "Leu", "Ile")
>>>print(t1)
('Val', 'Leu', 'Ile')

>>>t2 = ("Val")
>>>print(t2)
Val
```

```
>>>t3 = ("Val", )
>>>print(t3)
('Val',)
```

t1 변수에 정의한 것처럼 소괄호에 요소들을 넣으면 튜플이 정의된다. 그런데 요소가 1개일 때 주의할 점이 있다. t2의 경우, 1개 요소를 소괄호 안에 넣었는데 튜플이 아닌 문자열이 들어갔다. 1개 요소를 튜플로 정의할 때는 1개 요소를 넣고 쉼표도 함께 소괄호 안에 넣어 주어야 한다.

문항 79	튜플의 특성

다음은 필수 아미노산이 담긴 튜플이다.

```
t = ('Val', 'Leu', 'Ile', 'Met', 'Thr', 'Lys', 'Phe',
'Trp')
```

튜플에서 2~4번째 요소를 출력하고 Lys의 index 번호를 출력하는 프로그램을 작성하시오.

출력 79	('Leu', 'Ile', 'Met') 5

답안 79	#079.py t = ('Val', 'Leu', 'Ile', 'Met', 'Thr', 'Lys', 'Phe', 'Trp') print(t[1:4]) print(t.index("Lys"))

해설 79

파이썬의 튜플은 리스트와 매우 비슷하다. 문항 79번에서는 슬라이싱과 인덱스

바이오파이썬으로 만나는 생물정보학

번호를 가져오는 문항으로 리스트에서 사용한 슬라이싱 방법과 index( ) 메서드가
똑같이 잘 작동한다.

인덱스	0	1	2	3	4	5	6	7
값	Val	Leu	Ile	Met	Thr	Lys	Phe	Trp

그런데 튜플과 리스트는 큰 차이점이 있다. 튜플은 한 번 선언되면 튜플 내부의 값
을 바꿀 수 없다.

```
>>>arr = ["Val", "Leu", "Ile"]
>>>print(arr[1])
Leu
>>>arr[1] = "Met"
>>>print(arr)
['Val', 'Met', 'Ile']
>>> del arr[1]
>>> print(arr)
['Val', 'Ile']
>>>t = ("Val", "Leu", "Ile")
>>>print(t[1])
Leu
>>>t[1] = "Met"
-------------------------------------------------------------
TypeError Traceback (most recent call last)
<ipython-input-306-7822fa885624> in <module>()
---->t[1] = "Met"
TypeError: 'tuple' object does not support item assignment
>>>del t[1]
-------------------------------------------------------------
TypeError Traceback (most recent call last)
<ipython-input-310-2225a1a2b107> in <module>()
---->del t[1]
TypeError: 'tuple' object doesn't support item deletion
```

문항 80 **객체 만들기**

다음과 같이 클래스를 만들고 출력되는 결과를 확인해보자.

```
#080.py

class MyClass:
    pass

obj = MyClass()
print(type(obj))
```

출력 80 〈class '__main__.MyClass'〉

해설 80

파이썬은 객체지향 언어로 클래스를 만들 수 있다. 클래스를 만들어 자신만의 사용자 지정 객체를 만들 수 있다. 080.py에서는 MyClass 클래스를 정의하였다.

정의한 MyClass에 대한 객체를 만들려면 obj = MyClass( )로 만들면 된다. 이렇게 만든 객체를 type( ) 명령어로 확인하면 출력 80의 결과와 같이 〈class '__main__.MyClass'〉로 확인할 수 있다.

문항 81 **객체의 속성**

다음과 같이 클래스를 만들고 출력되는 결과를 확인해보자.

```
#081.py

class MyClass:
    base = ["A", "C", "G", "T"]

obj = MyClass()
print(obj.base)
```

출력 81 ['A', 'C', 'G', 'T']

해설 81

MyClass를 정의할 때 MyClass 안에 base라는 변수를 넣어 정의하였다. MyClass로 만든 객체인 obj에서 obj.base를 출력하니 MyClass 안에 정의한 값이 출력되었다. 여기서 obj.base를 obj 객체의 속성이라고 한다.

문항 82 | 객체의 메서드

다음과 같이 클래스를 만들고 출력되는 결과를 확인해보자.

```
#082.py

class MyClass:
    def get_length(self, seq):
        return len(seq)

obj = MyClass()
seq = "ACGTACGT"
print(obj.get_length(seq))
```

출력 82 8

MyClass를 정의할 때 MyClass 안에 get_length( )라는 함수를 정의하였다. MyClass로 만든 객체인 obj에서 obj.get_length( )로 클래스에서 정의한 함수를 호출할 수 있는데 이것이 바로 메서드다.

메서드를 살펴보면 인자에 (self, seq)이 들어 있다. seq은 외부에서 넣어주는 값인데 그럼 self는 무엇일까? self는 메서드를 호출하는 객체 자신이다.

obj.get_length(seq)으로 메서드를 호출할 때 보이는 인자는 seq 하나이지만 클래스에서 정의한 인자인 self는 obj.get_length(seq)에서 obj다.

문항 83 **객체의 생성자(__init__)**

다음과 같이 클래스를 만들고 출력되는 결과를 확인해보자.

```
#083.py

class MyClass:
    def __init__(self):
        print("object created!")
        self.seq = ""

    def get_length(self):
        return len(self.seq)

obj = MyClass()
obj.seq = "ACGTACGT"
print(obj.get_length())
```

출력 83 object created!
8

MyClass를 정의할 때 __init__(self)라는 함수를 정의하였다. __init__은 객체
가 만들어질 때 실행되는 메서드다. 083.py에서 __init__ 메서드 내부에 print
함수를 넣었다.

설명대로라면 객체가 만들어질 때 __init__ 메서드가 실행되므로 print 함수가
실행된다. 실제로 obj = MyClass( )를 수행한 후, object created!가 출력되었다.

문항 84 **객체의 소멸자 (__add__)**

다음과 같이 클래스를 만들고 출력되는 결과를 확인해보자.

```
#084.py

class MyClass:
    def __init__(self):
        print("object created!")
        self.seq = ""

    def __del__(self):
        print("object deleted!")

    def get_length(self):
        return len(self.seq)

obj = MyClass()
del obj
```

출력 84
object created!
object deleted!

MyClass를 정의할 때 __del__(self)라는 함수를 정의하였다. __del__ 메서드
는 객체가 소멸될 때 호출된다. 084.py에서 __del__ 메서드 내부에 print 함수

를 넣었다.

출력 84에서 obj = MyClass( )로 객체를 만들어 object created!로 프린트된 것을
확인하였다. 그리고 del obj를 실행하니 object deleted!가 출력되는 것으로 객체가
소멸될 때 __del__ 메서드가 수행되는 것을 확인하였다.

문항 85 **객체의 덧셈 (__add__)**

다음과 같이 클래스를 만들고 출력되는 결과를 확인해보자.

```
#085.py

class MyClass:
    def __init__(self):
        self.seq = ""

    def __add__(self, other):
        return self.seq + other.seq

obj1 = MyClass()
obj2 = MyClass()

obj1.seq = "AAA"
obj2.seq = "TTT"

print(obj1 + obj2)
```

출력 85 **AAATTT**

해설 85

MyClass를 정의할 때 __add__(self, other)라는 함수를 정의하였다. __add__
메서드는 객체 간 덧셈(+) 연산을 할 때 호출되는 메서드다. __init__(self) 메서
드와 달리 __add__ 메서드는 self, other로 2가지 인자가 들어간다.

기본적으로 덧셈은 2가지 객체 간 덧셈이므로 객체 자신의 self와 연산되는 other가 필요하다. 085.py에서는 __add__ 메서드에 self.seq과 other.seq을 합쳐 반환하는 것으로 정의하였다.

2개 객체를 초기화해 seq 속성에 문자를 넣고 객체 자체를 덧셈 연산자로 더하니 각 객체의 seq 속성에 담겨 있던 문자가 합쳐져 반환된 것을 확인할 수 있다.

문항 86 **객체의 비교 (__gt__)**
다음과 같이 클래스를 만들고 출력되는 결과를 확인해보자.

```
#086.py
class MyClass:
def __init__(self):
self.seq = ""
def __gt__(self, other):
if len(self.seq) > len(other.seq):
return("%s is longer than %s." %(self.seq,
other.seq))
elif len(self.seq) < len(other.seq):
return("%s is not longer than %s." %(self.seq,
other.seq))
else:
return("The length is same.")
obj1 = MyClass()
obj2 = MyClass()
obj3 = MyClass()
obj4 = MyClass()
obj1.seq = "AAAA"
obj2.seq = "TTT"
obj3.seq = "GGG"
obj4.seq = "CC"
print(obj1 > obj2)
print(obj2 > obj3)
print(obj4 > obj3)
```

해설 86

MyClass를 정의할 때 __gt__(self, other)라는 함수를 정의하였다. __gt__ 메서드는 객체 간 왼쪽이 더 큰 부등호(〉) 연산을 할 때 호출되는 메서드다. __add__ 메서드처럼 __gt__ 메서드도 self, other로 2가지 인자가 들어간다.

기본적으로 비교 연산은 2가지 객체 간 비교이므로 객체 자신의 self와 연산되는 other가 필요하다. 086.py에서는 __gt__ 메서드에 self.seq의 길이와 other.seq 의 길이를 비교해 길이가 길고 짧고 같음에 따라 반환되는 값을 다르게 하였다.

객체들을 초기화해 seq 속성에 문자를 넣고 객체 자체를 왼쪽이 더 큰 부등호 연산자로 연산하니 각 객체의 seq 속성에 길이에 따라 반환되는 값이 다름을 확인할 수 있다.

④ 알고리즘 소개

문항 87	재귀 알고리즘 구현하기
	재귀 알고리즘을 사용하여 5!(팩토리얼)을 계산하는 프로그램을 작성하시오.

출력 87	120

답안 87	#087.py

```
def factorial(n):
    if n == 0:
```

```
        return 1
    else:
        return n * factorial(n-1)

print(factorial(5))
```

재귀(Recursive) 알고리즘을 구현하는 문항이다. 재귀 알고리즘은 함수 내부에서 자신을 다시 호출하는 것이다. 문항에서 제시한 5를 함수에 넣어 재귀 과정을 따라가보겠다.

5가 factorial(n) 함수에 들어가면 factorial(5)가 된다.
n은 0이 아니므로 else에 가고 5 * factorial(4)가 반환된다.

4가 factorial(n) 함수에 들어가면 factorial(4)가 된다.
n은 0이 아니므로 else에 가고 4 * factorial(3)이 반환된다.

3이 factorial(n) 함수에 들어가면 factorial(3)가 된다.
n은 0이 아니므로 else에 가고 3 * factorial(2)가 반환된다.

2가 factorial(n) 함수에 들어가면 factorial(2)가 된다.
n은 0이 아니므로 else에 가고 2 * factorial(1)이 반환된다.

1이 factorial(n) 함수에 들어가면 factorial(1)가 된다.
n은 0이 아니므로 else에 가고 1* factorial(0)이 반환된다.

마지막으로 0이 factorial(n) 함수에 들어가면 factorial(0)가 된다.
n은 0이므로 1이 반환된다.

이 내용을 식으로 표현해보면

factorial(5)

= 5 * factorial(4)

= 5 * (4 * factorial(3))

= 5 * (4 * (3 * factorial(2)))

= 5 * (4 * (3 * (2 * factorial(1))))

= 5 * (4 * (3 * (2 * (1 * factorial(0)))))

= 5 * (4 * (3 * (2 * (1 * 1))))

= 5 * 4 * 3 * 2 * 1 = 120

이 된다.

문항 88 동적계획법 구현하기

동적계획법(Dynamic Programming)으로 피보나치 수를 구하는 프로그램을 작성하시오.

출력 88 [0, 1, 1, 2, 3, 5, 8, 13, 21, 34, 55]

답안 88

```python
#088.py

arr = [0, 1]

def fibo(n):
    for i in range(n-1):
        arr.append(arr[-2] + arr[-1])
    return arr

print(fibo(10))
```

해설 88

동적계획법이란 기존 결과를 활용하여 다음 결과를 만들어내는 것이다. 피보나치 수는 동적계획법으로 만들 수 있는 좋은 예다. 결과를 담을 리스트를 만들어 놓고 리스트 내부에서 연산을 진행하여 리스트 뒤에 결과를 붙여나간다.

같은 피보나치 수열 결과를 만들 때 재귀 알고리즘보다 동적계획법으로 구현하면 훨씬 빨리 결과를 얻을 수 있다.

문항 89 | **알고리즘 활용 – kmer 만들기**

kmer란 k개 염기가 있는 서열이다. 만약 2mer라면 출력 89에도 있듯이 2개 염기가 있는 서열들을 말한다. A, C, G, T의 염기가 있으면 2mer의 가능한 모든 개수는 4*4로 16개다. 만약 3mer라면 4*4*4로 64개다.
가능한 모든 kmer를 출력하는 프로그램을 작성하시오.

출력 89 | ['AA', 'AC', 'AG', 'AT', 'CA', 'CC', 'CG', 'CT', 'GA', 'GC', 'GG', 'GT', 'TA', 'TC', 'TG', 'TT']

['AAA', 'AAC', 'AAG', 'AAT', 'ACA', 'ACC', 'ACG', 'ACT', 'AGA', 'AGC', 'AGG', 'AGT', 'ATA', 'ATC', 'ATG', 'ATT', 'CAA', 'CAC', 'CAG', 'CAT', 'CCA', 'CCC', 'CCG', 'CCT', 'CGA', 'CGC', 'CGG', 'CGT', 'CTA', 'CTC', 'CTG', 'CTT', 'GAA', 'GAC', 'GAG', 'GAT', 'GCA', 'GCC', 'GCG', 'GCT', 'GGA', 'GGC', 'GGG', 'GGT', 'GTA', 'GTC', 'GTG', 'GTT', 'TAA', 'TAC', 'TAG', 'TAT', 'TCA', 'TCC', 'TCG', 'TCT', 'TGA', 'TGC', 'TGG', 'TGT', 'TTA', 'TTC', 'TTG', 'TTT']

답안 89 | #089.py

```
def mer(n, arr1, arr2):
    if n == 1:
        return arr2
    else:
        tmp = []
        for i in arr1:
            for j in arr2:
                tmp.append(i+j)
        arr2 = tmp
        n -= 1
        return mer(n, arr1, arr2)
```

```
arr1 = ["A", "C", "G", "T"]
arr2 = ["A", "C", "G", "T"]
print(mer(2, arr1, arr2))
```

해설 89

재귀 알고리즘을 사용하여 kmer를 만들었다. n이 3인 예를 들어보겠다.

우선 기본인 ["A", "C", "G", "T"] 리스트를 2개 만들고 for문 2개로 각 리스트를 방문하여 2번째 리스트에 각 염기를 합친 결과를 넣는다. n에서 1을 빼면 2가 된다.

return으로 mer( ) 함수가 재귀로 호출되어 각 요소가 1개 base로 들어 있는 arr1과 각 요소가 2개 base로 들어 있는 arr2가 인자로 들어간다. 다시 for문이 진행되면 arr2에는 각 요소가 3개 base가 되고 n은 1이 된다.

return으로 mer( ) 함수가 재귀로 호출되지만 이번에는 n이 1이므로 각 요소가 3개 base인 arr2가 반환된다.

문항 90	알고리즘 활용 – Palindrome 찾기

문항 89번에서 생성한 5mer 중 다음 2가지 서열이 있다고 가정하자.

```
s1 = "ACACA"
s2 = "ATTCA"
```

두 서열이 앞에서 읽을 때와 뒤에서 읽을 때가 일치하면 True를 반환하고 일치하지 않으면 False를 반환하는 프로그램을 작성하시오.

출력 90	True False

바이오파이썬으로 만나는 생물정보학

```python
#090-1.py

def palindrome_checker(s):
    for i in range(0,len(s)//2):
if s[i] != s[len(s)-1-i]:
            return False
    return True

s1 = "ACACA"
s2 = "ATTCA"
print(palindrome_checker(s1))
print(palindrome_checker(s2))
```

```python
#090-2.py

def palindrome_checker(s):
    if s == s[::-1]:
        return True
    else:
        return False

s1 = "ACACA"
s2 = "ATTCA"
print(palindrome_checker(s1))
print(palindrome_checker(s2))
```

해설 90

앞에서부터 읽은 서열과 뒤에서부터 읽은 서열이 같은지 확인하는 2가지 방법이 있다.

첫 번째 방법은 문제 그대로 for문으로 문자열을 앞뒤로 한 글자씩 읽어가며 글자를 비교하는 것이다.

두 번째 방법은 기존 문자와 이것을 뒤집은 문자가 같은지 비교하는 것이다.

● 5.1 FASTA

문항 91	FASTA 파일에서 염기 개수 세기
	FASTA 파일을 읽어 염기 개수를 세는 프로그램을 작성하시오.

출력 91	A 6
	C 2
	G 3
	T 9

답안 91

```python
#091.py

A, C, G, T = 0, 0, 0, 0

with open("sample1.fasta","r") as fr:
    for line in fr:
        if line.startswith(">"):
            pass
        else:

            A += line.count("A")
            C += line.count("C")
            G += line.count("G")
            T += line.count("T")

print("A", A)
print("C", C)
print("G", G)
print("T", T)
```

해설 91

FASTA 파일을 읽어 FASTA 파일 내부의 염기서열을 세는 문항으로 섹션 1의 6장에서 바이오파이썬으로 문항을 해결하는 방법을 배울 수 있다. 여기서는 순수 파이썬만으로 FASTA 파일에서 염기를 세어보겠다.

FASTA 파일은 >로 시작하는 헤더와 서열이 담긴 내용이 있다. 서열 부분을 문자
열로 읽어 count 메서드로 A, C, G, T 염기를 세면 간단히 FASTA 파일에서 염기
를 셀 수 있다.

문항 92	**FASTA 파일에서 레코드 개수 세기**
	FASTA 파일 내부에 레코드가 몇 개 있는지 세는 프로그램을 작성하시오.

출력 92	1

답안 92

```
#092.py

count = 0

with open("sample1.fasta","r") as fr:
    for line in fr:
        if line.startswith(">"):
            count += 1

print(count)
```

해설 92

FASTA 파일은 >로 시작하는 헤더가 있는데 헤더가 1개 이상 있을 수 있다. 하나
의 헤더와 서열을 레코드라고 부른다. 문항에서는 레코드가 몇 개 있는지 세어보
라고 하였는데 헤더가 > 문자로 시작하므로 > 문자로 시작하는 줄 개수를 세면 간
단히 레코드 개수를 셀 수 있다.

참고로 섹션 1의 6장에서는 레코드가 여러 개 담긴 FASTA 파일을 간단히 분리해
따로 처리할 수 있는 객체를 학습한다.

문항 93 | VCF 파일 소개 – VCF 파일에서 header와 data 분리하기

VCF(Variant Call Format) 파일은 서열의 변이 정보들을 담은 파일이다. VCF 파일은 텍스트 파일로 메모장과 같은 텍스트 뷰어로 열어 내용을 확인할 수 있다.

VCF 파일은 "##"으로 시작하는 meta-information line과 "#"으로 시작하는 header line과 data line으로 구성되어 있다.

"##"의 meta-information line에는 파일 형식, 포맷 관련 정보, ALT, 샘플 관련 설명 등이 들어 있다.

"#"의 헤더 라인은 다음과 같은 8개 열이 있다.

CHROM	Chromosome	ALT	Alternate base(s)
POS	Reference의 position	QUAL	Phred-scaled quality score
ID	Identifier	FILTER	Filter 상태(PASS 등)
REF	Reference base(s)	INFO	추가적 정보(AC, AF 등)

여기에 추가로 FORMAT 행에는 GT:AD:DP 등의 정보가 있고 이후에는 샘플 행이 있으며 샘플 개수에 따라 열의 개수가 달라진다.

주어진 파일 sample1.vcf에서 헤더와 데이터를 분리하여 출력하는 프로그램을 작성하시오.

출력 93 | 헤더 부분
##fileformat=VCFv4.1
##FILTER=⟨ID=LowQual,Description="Low quality"⟩
…중략…
#CHROMPOSIDREFALTQUALFILTERINFOFORMATSample1Sample2

데이터 부분
chr2014370   rs6054257   G   A   29   PASS
.GT:AD:DP   0/1:44,37:81   1/1:44,37:81

```
#093.py

header = ""
data = ""

with open("sample1.vcf","r") as fr:
    for line in fr:
        if line.startswith("#"):
            header += line
        else:
            data += line
print(header)
print("")
print(data)
```

해설 93

VCF 파일의 헤더 부분이 샵(#) 문자로 시작되는 점을 이용하여 VCF 파일을 한 줄 씩 읽어 헤더와 데이터 부분을 분리시킬 수 있다.

문항 94 VCF 파일에서 샘플 개수 세기

주어진 파일 sample1.vcf에 포함된 샘플 개수를 세는 프로그램을 작성하 시오.

출력 94 2

답안 94

```
#094.py

with open("sample1.vcf","r") as fr:
    for line in fr:
        if line.startswith("#CHROM"):
  print(len(line.split()) - 9)
```

문항 93번에서 "#"의 헤더라인은VCF 파일에 반드시 포함되어야 하는 8개 열과
FORMAT이 있다. 그래서 총 9개 열이 있는데 9개 열을 제외하면 나머지는 각 샘
플 컬럼이다. 그래서 "#"의 헤더라인의 단어 개수를 세고 9를 빼면 샘플 개수를 알
수 있다.

문항 95 | **VCF 파일에서 Filter 열 PASS만 골라내기**
주어진 파일 sample1.vcf의 Filter 열에서 PASS로만 찍힌 변이 개수를 세
는 프로그램을 작성하시오.

출력 95 | 4

답안 95

```python
#095.py

cnt = 0

with open("sample1.vcf","r") as fr:
    for line in fr:
        if line.startswith("#"):
            pass
        else:
            l = line.split()
            if l[6] == "PASS":
                cnt += 1

print(cnt)
```

VCF 파일의 데이터 부분에서 행을 split( ) 메서드로 나눈 후, FILTER 열이 있는 6
번 인덱스값이 PASS임을 if문으로 확인하여 숫자를 센다.

문항 96	**VCF 파일에서 변이 개수 세기**
	주어진 파일 sample1.vcf의 전체 변이 개수를 세는 프로그램을 작성하시오.

출력 96	5

답안 96	#096.py

```python
variants = 0

with open("sample1.vcf","r") as fr:
    for line in fr:
        if line.startswith("#"):
            pass

        else:
            variants += 1

print(variants)
```

해설 96

VCF 파일에서 변이 개수는 단순히 헤더 부분을 제외한 데이터 부분에서 행의 개수를 세어주면 된다.

문항 97	**VCF 파일에서 SNP, InDel 개수 세기**
	주어진 파일 sample1.vcf의 SNP와 Insertion, Deletion 개수를 세는 프로그램을 작성하시오.

출력 97	SNP: 3
	Insertion: 1
	Deletion: 1

```
#097.py

SNP = 0
Insertion = 0
Deletion = 0

with open("sample1.vcf","r") as fr:
    for line in fr:
        if line.startswith("#"):
            pass
        else:
            l = line.split()
            ref = l[3]
            alt = l[4]

            if len(ref) == len(alt):
                SNP += 1

            elif len(ref) > len(alt):
                Deletion += 1
            elif len(ref) < len(alt):
                Insertion += 1
print("SNP:", SNP)
print("Insertion:", Insertion)
print("Deletion:", Deletion)
```

해설 97

SNP(Small Nucleotide Polymorphism)는 ref와 alt의 길이가 같은 변이를 말한다. Insertion은 alt에 염기가 추가되어 ref보다 alt의 길이가 더 긴 것을 말한다. Deletion은 alt에 염기가 삭제된 것으로 ref보다 alt의 길이가 더 짧은 것을 말한다.

VCF의 데이터 부분 각 행에서 ref와 alt의 길이를 구해 SNP, Insertion, Deletion 개수를 셀 수 있다.

문항 98 **VCF 파일에서 dbSNP에서 발견된 변이 개수 구하기**

주어진 파일 sample1.vcf의 변이 중 dbSNP에서 발견된 변이 개수를 세는 프로그램을 작성하시오.

출력 98 2

답안 98

```python
#098.py

rs = 0

with open("sample1.vcf","r") as fr:
    for line in fr:
        if line.startswith("#"):
            pass
        else:
            l = line.split()
            rsID = l[2]
            if rsID != ".":
                rs += 1

print(rs)
```

해설 98

VCF 파일의 각 행은 염색체 위치에 대한 변이를 나타내는데 만약 특정 위치에서 ref, alt에 대한 변이가 데이터베이스(dbSNP)에 이미 보고된 변이라면 ID 열에 rsID를 표기하게 된다.

만약 보고되지 않은 변이라면 마침표로 표기한다. 이 점을 활용하여 dbSNP에 보고된 변이를 셀 수 있다.

VCF 파일에서 Ts/Tv 비율 구하기

퓨린 계열의 염기인 A와 G 염기 사이의 변이 또는 피리미딘 계열 염기
인 C와 T 염기 사이의 변이가 있는 경우를 Transition이라고 하고 나머지
종류의 변이를 Transversion이라고 한다.

주어진 VCF 파일에서 Transition과 Transversion 개수를 세어 Ts/Tv 비
율을 계산하는 프로그램을 작성하시오.

출력 99
```
transition: 2
transversion: 1
ts/tv: 2.0
```

답안 99
```
#099.py

ts = 0 # A <-> G, C <-> T
tv = 0

with open("sample1.vcf","r") as fr:
    for line in fr:
        if line.startswith("#"):
            pass
        else:
            l = line.split()
            ref = l[3]
            alt = l[4]
            if len(ref) == len(alt):
                if ref == "A":
                    if alt == "G":
                        ts += 1
                    else:
                        tv += 1
                elif ref == "C":
                    if alt == "T":
                        ts += 1
                    else:
                        tv += 1
                elif ref == "G":
                    if alt == "A":
                        ts += 1
```

```
                else:
                    tv += 1
            elif ref == "T":
                if alt == "C":
                    ts += 1
                else:
                    tv += 1

print("transition:", ts)
print("transversion:", tv)
print("ts/tv:", ts/tv)
```

해설 99

VCF 파일의 데이터 부분에서 ref와 alt의 변이 중 SNP 변이를 보아 Transition과 Transversion의 정의대로 조건문을 나누어 Ts/Tv를 계산할 수 있다.

• 5.3 BED

문항 100   **BED 파일이 담고 있는 전체 영역 구하기**

BED(Browser Extensible Data) 포맷은 유전체 위치를 줄 단위로 표시하며 필수적인 3개 행(Chromosome, Start, End)과 선택적인 9개 행으로 구성되어 있다.

각 행은 탭으로 나뉘어 있다. BED는 zero-based로 첫 번째 염기는 0으로 표기한다. 만약 "chr1 0 100"인 줄이 있다면 이 구간의 길이는 100bp(끝-시작)이다.

주어진 sample1.bed 파일에서 bed의 전체 영역 길이를 계산하는 프로그램을 작성하시오.

출력 100   200

```
#100.py

length = 0

with open("sample1.bed","r") as fr:
    for line in fr:
        l = line.strip().split()
        start = int(l[1])
        end = int(l[2])
        length += end - start

print(length)
```

해설 100

BED 파일의 길이는 끝 지점에서 처음 지점을 뺀 것으로 이 값들을 모두 합하면 전체 BED 파일이 나타내는 구간의 길이를 구할 수 있다.

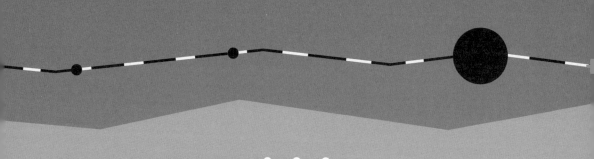

찾아보기

영어

A ~ C

D ~ F

G ~ I

바이오파이썬으로 만나는 생물정보학

바이오파이썬으로 만나는 생물정보학

파이썬 프로그래밍을 통해 풀어보는 생명의 구조

초판 3쇄 발행 | 2024년 7월 9일

지은이 | 한주현
펴낸이 | 김범준
기획 · 책임편집 | 이동원
교정교열 | 박진영
편집디자인 | 김옥자
표지디자인 | 유재헌

발행처 | 비제이퍼블릭
출판신고 | 2009년 05월 01일 제300-2009-38호
주 소 | 서울시 종로구 중학동 19 더케이트윈타워 B동 2층 WeWork 광화문점
주문 · 문의 | 02-739-0739   **팩스 |** 02-6442-0739
홈페이지 | http://bjpublic.co.kr   **이메일 |** bjpublic@bjpublic.co.kr

가격 | 26,000원
ISBN | 979-11-86697-81-8
한국어판 ⓒ 2019 비제이퍼블릭